KB267802

인생을 예술로 일상을 콘서트로 만드는

공연 연출가

청소년들의 진로와 직업 탐색을 위한 잡프러포즈 시리즈 88

인생을 예술로 일상을 콘서트로 만드는

공연 연출가

김춘범 지음

DIRECTOR

PERFORMANCE
DIRECTOR

TALK SHOW

“
공연 연출의 성공은
관객이 '공연을 본다'가 아니라
'공연 안에 있다'라고 느낄 때 완성된다.
”

- 스티브 딕슨 Steve Dixon -
팝 콘서트 연출가

"
콘서트는
음악을 눈으로 볼 수 있게
만드는 예술이다.
"

마이클 잭슨 콘서트 연출가

C·O·N·T·E·N·T·S

C·O·N·T·E·N·T·S

PERFORMANCE
DIRECTOR

공연 연출가 김춘범의
프러포즈

"안녕하세요! 오늘도 신나는 K-pop을 들으며 가슴 뛰는 미래를 꿈꾸고 있는 청소년 여러분, 반갑습니다. 저는 공연 연출가 김춘범입니다."

우리는 매일 영화, 드라마, 뮤직비디오, 콘서트 같은 다양한 문화 콘텐츠를 아주 쉽게 접하고 있죠. 또 예능 프로그램을 통해 무대 뒤에서 벌어지는 아티스트들의 일상이나 공연장의 뒷모습을 보기도 합니다. 아마 여러분 중에는 무대에서 쓰이는 전문 용어들도 꽤 익숙한 분들이 있을 겁니다. 그만큼 공연예술이 이제 우리 생활 속에 깊숙이 스며들어 있다는 뜻이겠죠.

여러분도 한 번쯤은 이런 상상을 해봤을 겁니다.

화려한 무대 위에서 K-pop 스타처럼 노래하는 내 모습, 혹은 드라마 속 주인공이 되어 내가 좋아하는 배우와 함께 연기하는 장면 말이에요. 청소년기에는 누구나 해볼 수 있는 자연스러운 상상이지요.

그런데 상상해 보세요. 반짝이는 조명도, 멋진 무대장치도 없는 텅 빈 무대 위에서 가수가 혼자 노래를 한다면 어떨까요? 노래 실력이 아무리 뛰어나도 어쩐지 허전하고 볼품없을 거예요. 또 여러 배우와 가수가 무질서하게 무대를 오르내리며 공연을 이어간다면 관객은 금세 몰입감을 잃고 지루해질지도 모릅니다.

그래서 꼭 필요한 사람이 있습니다. 무대 위의 배우와 가수들의 특징을 잘 파악하고, 공연 전체의 흐름을 짜며, 관객들이 지루할 틈 없이 마지막 순간까지 즐길 수 있도록 이끌어 주는 사람. 바로 공연의 전체를 책임지는 공연 연출가입니다.

이제는 내가 가수가 되거나 배우가 되는 상상이 아니라, 오디션을 통해 세상의 모든 배우와 가수를 직접 선발하고 지금껏 보지 못했던 가장 멋진 무대를 만들며, 관객들이 "와!" 하고 감탄하는 공연을 완성하는 '공연의 마술사'를 꿈꿔보면 어떨까요?

공연예술은 연기, 노래, 연주, 춤처럼 인간의 모든 표현이 모여 이루어집니다. '삶을 예술로, 일상을 공연으로' 만들 수 있는 직업, 바로 공연 연출가의 세계에 여러분을 초대합니다.

이 글을 읽는 여러분의 하루하루가 공연처럼 즐겁고 신나길 바라며, 언젠가 무대 위에서, 또 무대 뒤에서 만나게 되기를 기대합니다.

PERFORMANCE
DIRECTOR

첫인사
편 토크쇼 편집자
김 공연 연출가 김춘범

편 김춘범 감독님, 안녕하세요? 〈현역가왕〉 전국투어 콘서트를 성공적으로 연출하신 감독님을 뵙게 되어 영광입니다. 〈잡프러포즈 시리즈〉를 통해 우리 청소년들을 만나는 소감이 어떠신지 궁금합니다.

김 우선 정말 반갑습니다. 그리고 제 직업을 소개할 수 있는 소중한 기회를 주셔서 감사합니다. 저도 청소년기에 음악, 특히 팝송을 무척 좋아했어요. 가수가 공연하는 모습을 정말 보고 싶었지만, 당시에는 LP로 음악을 듣던 아날로그 시대였기에 공연 정보를 얻기가 쉽지 않았죠. 어쩌다 녹화 영상이라도 보게 되면 '와, 저런 무대는 도대체 어떻게 만들어지는 걸까?' 하며 놀라곤 했던 기억이 납니다. 지금은 단순히 노래를 듣는 차원을 넘어, 현장에 직접 참여해 함께 즐기는 시대로 변했잖아요? 공연 분야에 관심을 둔 청소년도 아주 많다고 들었습니다. 제가 어린 시절 가졌던 그 호기심을, 이제 여러분에게 하나하나 시원하게 풀어드리고 싶습니다. 제 이야기와 함께 이 책에서 소개하는 공연들을 찾아보신다면 직업을 이해하는 데 훨씬 도움이 될 겁니다.

편 감독님께서 특별히 우리 청소년들에게 '공연 연출가'라는 직업을 프러포즈하시는 이유가 있을까요?

 모든 직업에는 전문성이 필요하고, 그 일을 하는 사람의 영혼이 담겨 있다고 생각해요. 공연 연출은 여기에 인간 고유의 특별한 감성이 투영됩니다. 우리는 이것을 '예술혼'이라고 부르지요. 공연 연출은 사람들이 마음속으로 꿈꾸고 상상하던 아름다운 장면들을 '무대'라는 공간에 현실로 만들어 내는 일이에요. 관객들은 공연을 보며 지친 삶을 위로받기도 하고, 때로는 다시 살아갈 용기를 얻기도 합니다. 즐거운 공연을 볼 때면, 공연장에 모인 낯선 사람들이 다 함께 환호하며

⋮ **〈현역가왕〉** 전국투어 콘서트 공연 현장, 연출석에서

기쁨을 나누잖아요? 이처럼 공연은 사람과 사람을 연결하는 소중한 매개체입니다. 사회에 선한 영향력을 전하며 사람들을 행복하게 만드는 일, 그게 바로 공연 연출입니다.

그래서 저는 무지개처럼 환상적이고 아름다운 미래를 꿈꾸는 여러분에게 자신 있게 이 직업을 프러포즈합니다.

편 감독님, 요즘 우리 음악·영화·드라마·콘서트는 더 이상 우리만의 것이 아니라 전 세계인이 함께 즐기는 문화가 된 것 같습니다. 감독님께서는 이런 'K-컬처^{K-Culture}' 현상을 어떻게 보시는지, 또 전망은 어떨지 궁금합니다.

김 지금의 K-컬처 신드롬은 제 학창 시절에는 상상조차 할 수 없는 일이었습니다. 한국 가수의 노래가 빌보드 차트에 오르고, 한국 영화가 아카데미상을 받다니요. 예전엔 꿈도 못 꿀 일이었죠. 하지만 이제는 영화, 드라마, 음악, 뮤지컬, 웹툰 등 거의 모든 분야에서 세계적인 흥행을 터뜨리고 있습니다.

저는 이 흐름이 앞으로도 꽤 오랫동안 지속될 것이라고 봅니다. K-컬처는 어느 날 갑자기 몇몇 스타가 떴다고 해서 만들어진 '반짝인기'가 아닙니다. 지난 20여 년간 대중문화는 물론 전통문화, 음식, 패션, 뷰티 등 다양한 분야에서 꾸준히 해외 시장의 높은 벽을 두드리며 허물어 온 결과입니다. 여기에 세계 약 10위권이라는 대한민국의 탄탄한 경제력이 뒷받침되었기에 오늘의 한류가 가능했습니다.

즉, 경제 발전과 문화 예술의 성장이 맞물려 지금의 K-컬처를 만든 셈입니다. 거기에 K-pop의 폭발적인 에너지가 더해지면서 전 세계로 확산된 것이지요.

일각에서는 "K-컬처가 일시적인 유행이라 곧 시들해지지는 않을까?" 하고 우려하기도 합니다. 하지만 저는 그렇게 보지 않습니다. 물론 인기의 파도는 오르내릴 수 있겠지요. 그러나 우리 문화 예술과 산업 전반의 '기초 체력'이 워낙 튼튼하기 때문에 쉽게 무너지지 않을 겁니다. 다만, 앞으로도 글로벌 눈높이에 맞춘 다양한 콘텐츠 개발과 우리만의 독창성 Originality을 잃지 않으려는 노력은 계속되어야겠지요.

편 외국인들이 K-pop에 열광하는 것을 보면 늘 신기합니다. 우리 문화가 전 세계 사람들에게 통할 만큼 보편적이어서 그럴까요, 아니면 우리만의 특별한 매력(특수성) 때문일까요?

김 사실 K-pop이 단순히 한국 전통 음악만 고집했다면, 아마 잠깐 유행하고 끝났을지도 모릅니다. 과거에도 특정 국가의 음악이 반짝인기를 끈 적은 있지만, 대부분 오래가지 못

했거든요.

하지만 K-pop은 다르죠. 인기가 계속 치솟고 새로운 스타들이 끊임없이 나오고 있잖아요? 비결은 '융합'에 있습니다. 서양의 팝 음악 문법을 따르면서도 온갖 매력적인 요소들을 더해 발전시켰으니까요. 예를 들어 팝·힙합·EDM·록 등 장르를 과감하게 섞고, 노래와 랩, 그리고 화려한 퍼포먼스를 하나로 합쳤습니다. 여기에 다국적 작곡가들과 협업하고 멤버

한류 문화의 중심이 된 K-pop 콘서트 현장

들의 국적도 다양화했죠. 한마디로 세계인들이 좋아할 만한 '맛있는 재료'는 다 넣은 셈입니다. 그런데 여기서 정말 놓치지 말아야 할 핵심이 있어요. 바로 이 세련된 구조 안에 한국인 특유의 정서와 감정, 문화적 가치가 깊숙이 스며들어 있다는 점입니다. 즉, K-pop은 '우리만의 색깔(독창성)'과 '세계인이 좋아하는 트렌드(보편성)'를 절묘하게 비빔밥처럼 잘 섞어냈기에, 전 세계 팬들의 마음에 닿을 수 있었다고 생각합니다.

편 감독님과 대화를 나누다 보니 참 차분하고 따뜻한 분이라는 느낌을 받았습니다. 처음에는 호랑이 같은 엄격한 카리스마를 지니셨을 거라 짐작했거든요. 그런데 전혀 아니네요. 혹시 거대한 콘서트를 성공적으로 이끄는 감독님만의 특별한 노하우가 있을까요?

김 그런가요? 제가 생각하는 카리스마는 성격이 모나거나 남을 압박하는 데서 나오는 게 아닙니다. 상대가 인정할 수밖에 없는 탁월한 실력(전문성)과 사람을 존중하는 태도(인품)에서 우러나오는 '존경심', 그게 바로 진짜 카리스마라고 생각해요.

가끔 공연장에서 기선 제압을 하겠다며 별일 아닌 일에도

화를 내거나 소리를 지르는 연출가들이 있습니다. 공포 분위기를 조성해야 스태프들이 말을 잘 듣는다고 믿는 거죠. 물론, 위험한 무대 장치를 다루는 현장인 만큼 사고를 막기 위한 긴장감은 필수입니다. 하지만 지나친 공포는 오히려 불안감을 조성해 실수를 부르고, 팀워크를 망칩니다. 저는 30년간 현장을 지키며 이걸 뼈저리게 느꼈습니다.

그래서 저는 화낼 상황 자체를 만들지 않으려 노력합니다. 대신 더 철저히 준비하고, 모든 정보를 아티스트 및 스태프와 미리 공유하죠. 각자가 무엇을 해야 할지 정확히 알고 있다면, 시키지 않아도 스스로 움직이거든요. 명령하기보다 충분한 대화와 소통으로 문제를 풀어가는 것, 그런 제 모습이 아마 '카리스마'보다는 '부드러움'으로 보였나 봅니다.

편 지금까지 수많은 직업인을 인터뷰했는데요, 그분들에게는 한 가지 공통점이 있었습니다. 바로 자신의 일과 삶을 소중히 여기며, 일을 통해 실력과 인격을 함께 성장시키고, 타인을 존중할 줄 아는 분들이었죠. 감독님께서 생각하시는 '진정한 직업인'이란 과연 어떤 사람인가요?

김 학창 시절에 읽은 책에서 본 문장 하나가 지금까지도 제 좌우명처럼 남아 있습니다.

"가장 행복한 사람은 '내가 가장 좋아하는 것, 내가 가장 잘하는 것, 내가 가장 원하는 것', 이 세 가지를 직업으로 삼은 사람이다."

우리는 이런 직업을 '천직(天職)'이라고 부릅니다. 말 그대로 하늘이 내게 내려준 가장 알맞은 일이라는 뜻이죠.

내가 가장 좋아하는 일이니 아무리 힘들어도 지치지 않습니다. 내가 가장 잘하는 일이니 남보다 뒤처질 이유가 없죠. 또 내가 진심으로 원하는 일이니 시키지 않아도 끊임없이 노력하게 됩니다.

이런 사람은 마음이 충만하여 남을 시기하거나 미워할 겨를이 없습니다. 늘 즐거운 마음으로 살아가며 주변에 선한 영향력을 전하니, 자연스럽게 존경받는 사람이 되지요. 저는 우리 청소년 여러분이 먼 훗날 꼭 이런 '나만의 천직'을 찾게 되기를 진심으로 응원합니다.

편 이번 인터뷰는 대중음악 콘서트의 화려한 무대, 그리고 그 뒤편의 치열한 백스테이지 이야기까지 모두 담은 아주 흥미진진한 시간이 될 것 같습니다. 조명 뒤에 숨겨진, 콘서트 무대 안팎의 진짜 '리얼 스토리'. 자, 그럼 지금부터 가슴 뛰는 공연연출가의 세계로 함께 들어가 보겠습니다.

PERFORMANCE
DIRECTOR

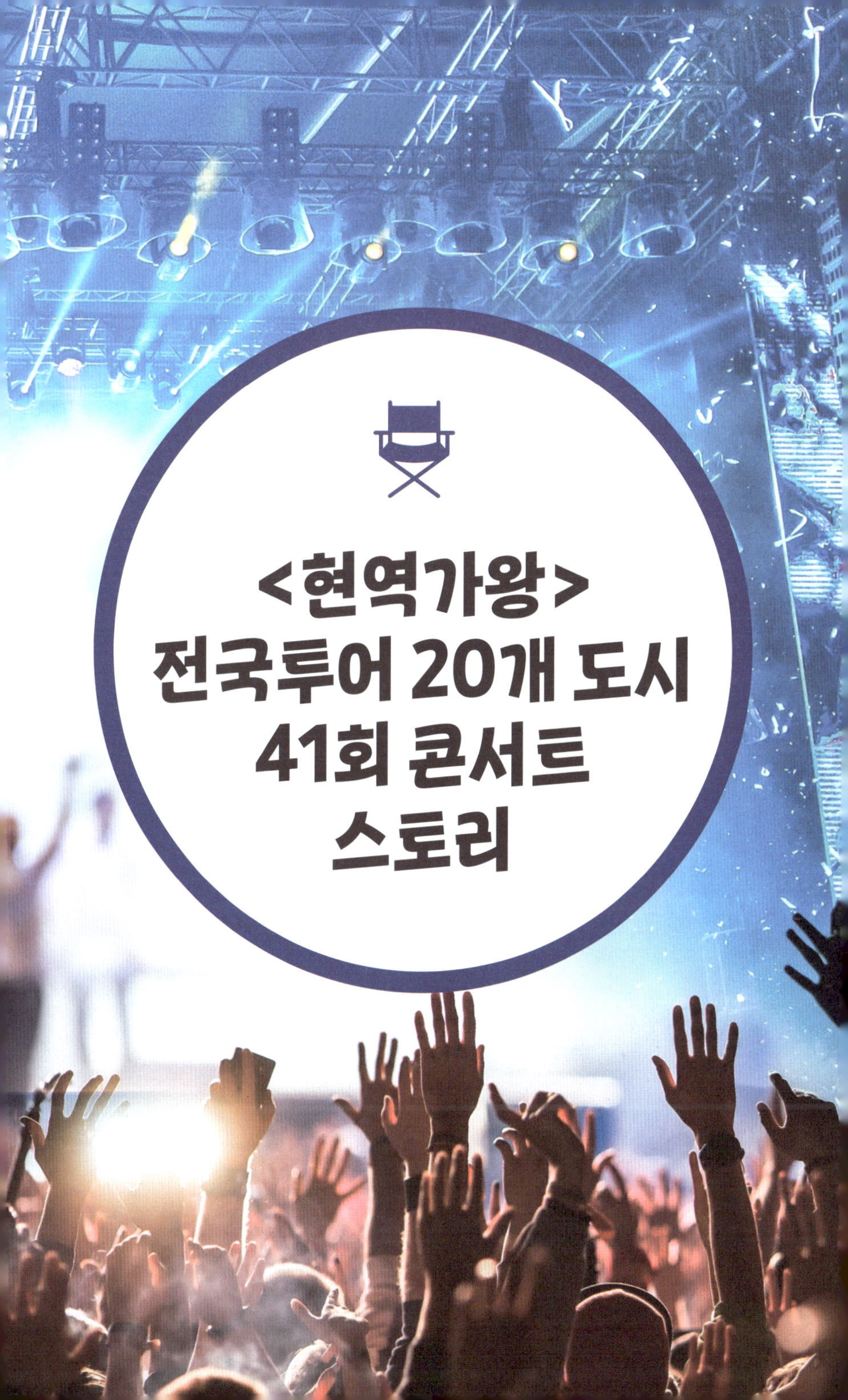

<현역가왕>
전국투어 20개 도시
41회 콘서트
스토리

제가 총연출을 맡은 〈현역가왕〉 2024 전국투어 콘서트는, 2023년 11월부터 2024년 2월까지 MBN에서 방송된 동명의 서바이벌 프로그램을 바탕으로 탄생했습니다.

이 프로그램은 이미 데뷔해 활동 중인 여성 가수들이 매주 치열한 무대를 펼치며, 최종 결승에 진출할 'TOP 7'을 선발하는 서바이벌 방식이었습니다. 수많은 지원자 중 예선을 뚫고 본선에 오른 가수가 실력을 겨뤘고, 그 결과 전유진 양

⋮ 〈현역가왕〉 콘서트 현장 사진, 연출석에서 직접 촬영

이 영광의 우승을 차지했습니다. 이어 마이진, 김다현, 박혜신, 린, 마리아, 별사랑 등 총 일곱 명이 TOP 7으로 선발되었습니다.

참신한 콘셉트와 세대를 아우르는 무대 덕분에 시청자들에게 정말 큰 사랑을 받았는데요. 그 열기를 이어받은 전국투어 콘서트는 2024년 4월 20일 첫 공연을 시작으로 12월 27일까지 대장정을 이어갔습니다.

무대에는 TOP 7 가수들은 물론, 아쉽게 최종 7인에는 들지 못했지만, 시청자들의 사랑을 듬뿍 받은 인기 가수들도 게스트로 참여해 공연을 더욱 풍성하게 채웠습니다.

전국투어는 정말 대장정이었어요. 총 20개 도시를 돌며 무려 41회나 공연을 올렸거든요. 각 도시에서는 주로 주말을 이용해 하루 1회, 많게는 2회씩 관객들을 만났습니다. 서울에서 화려한 막을 올린 뒤 부산, 대구, 광주, 제주 등 전국 주요 도시를 숨 가쁘게 순회했고, 마지막 수원 공연까지 아주 뜨거운 환호 속에 성공적으로 마무리했습니다.

대형 전국투어를 할 때 연출가를 가장 골치 아프게 하는 건, 다름 아닌 '공연장 대관'입니다. 이번 투어는 관객을 최소 3,000명 이상 수용해야 했는데, 안타깝게도 국내에는 이런 대형 실내 공연장이 손꼽을 정도로 적거든요. 대부분 지역의

⋮ 〈현역가왕 〉전국투어 콘서트 화려한 오프닝 공연, 연출석에서 직접 촬영

예술회관이나 아트홀은 1,500석 내외라 턱없이 부족했죠.

그래서 어떻게 했냐고요? 결국 실내체육관이나 거대한 국제회의장(컨벤션센터)을 빌려, 맨바닥에 무대를 아예 새로 짓다시피 했습니다. 장소마다 크기도, 구조도 제각각이라 매번 '맞춤형 무대'를 디자인하고 설치해야 했죠. '설치 → 리허설 → 공연 → 철수', 이 고된 과정을 2~3일 간격으로 반복하는 그야말로 강행군이었습니다. 게다가 돌발 변수도 많았어요. 투어 중간에 가수의 건강이나 스케줄 문제로 출연진이 바뀌면, 세트리스트Setlist, 노래 목록를 전면 수정해야 합니다. 그러면 밴드, 안무팀, 조명팀, 음향팀 모두 비상이 걸려 다시 연습하고 세팅을 맞춰야 하죠. 정말 매 순간이 긴장의 연속이었습니다. 4월부터 12월까지, 1년 가까이 전국을 누비며 41회의 대형 콘서트를 이끈다는 건 몸과 마음이 모두 지치는 힘든 여정이었습니다. 하지만 아티스트와 스태프들의 피땀 어린 헌신 덕분에 대장정을 무사히 마칠 수 있었습니다. 제 인생에서 가장 뜨겁고 밀도 높았던 그 시간들, 그중에서도 특히 잊을 수 없는 결정적인 순간들을 여러분께 소개해 드릴게요.

Episode 01 설렘과 긴장의 첫 시작, 서울 콘서트

일시 ┃ 2024년 4월 20일(토) 오후 1시 & 7시 / 4월 21일(일) 오후 1시
장소 ┃ 서울 올림픽공원 KSPO DOME(올림픽체조경기장)
출연 ┃ 현역가왕 TOP 7 + 게스트 4팀

　서울 공연은 이번 전국투어의 거대한 서막을 여는 첫 무대였습니다. 무엇보다 장소가 주는 상징성이 남달랐습니다. 모든 가수가 꿈꾸는 무대, 바로 올림픽공원 '체조경기장KSPO DOME'이었으니까요. 게다가 긴장감을 더하는 요소가 있었습니다. 바로 방송국MBN 중계팀이 투입된 것이죠. 첫날 낮 공연과 저녁 공연을 녹화해 TV 특별 프로그램으로 내보내기로

했거든요. '절대 실수하면 안 된다.'라는 중압감이 어깨를 짓눌렀습니다. 하지만 라이브 공연의 묘미이자 무서움이 무엇인지 아세요? 첫 공연에는 언제나 예상치 못한 '돌발 상황'이 생긴다는 점입니다. 역시나 낮 1시 공연에서 크고 작은 실수가 터져 나왔습니다. 공연이 끝나자마자 비상이 걸렸습니다. 쉴 틈이 어디 있나요? 저는 즉시 가수, 작가, 밴드, 조연출, 기술 스태프들을 전부 불러 모았습니다. "이 부분 조명 타이밍 늦었어요. 당겨주세요.", "밴드 큐 사인 다시 맞춥시다." 저녁 7시 공연 전까지 남은 시간은 고작 몇 시간. 도시락을 먹는 둥 마는 둥 한 채 치열하게 수정하고 조율했습니다. 그 긴박했던 순간이 아직도 생생합니다. 그렇게 다시 올린 저녁 무대. 결

<현역가왕> 전국투어 콘서트 서울 공연장, KSPO DOME(올림픽 체조경기장)

인생을 예술로 일상을 콘서트로 만드는
공연연출가

과는 어땠냐고요? 조명이 켜지자 객석을 가득 메운 관객들의 함성이 터져 나왔습니다. 낮보다 훨씬 완벽해진 무대에 대한 반응은 기대 이상으로 뜨거웠죠. 그 벅찬 열기를 느끼는 순간, 지난 몇 달간의 피로가 눈 녹듯 사라지더군요. 투어의 성공적인 신호탄을 쏘아 올린, 잊지 못할 밤이었습니다.

> **Episode 02 5월의 광주, 그리고 마음을 울린 묵념**
>
> **일시** │ 2024년 5월 18일(토) 오후 1시 & 7시
> **장소** │ 광주 김대중컨벤션센터 다목적홀(전시장)
> **출연** │ 현역가왕 TOP 7 + 게스트 3팀

투어의 네 번째 도시는 '빛고을' 광주였습니다. 이곳은 공연장 환경부터가 난관이었습니다. 계단식 좌석이 있는 체육관이 아니라, 드넓고 평평한 컨벤션센터 전시장이었거든요. 맨바닥에 의자를 깔아야 하는 구조라, 뒤쪽에 앉은 관객은 앞사람 머리에 가려 무대가 잘 보이지 않을 상황이었죠. 그래서 무대 높이를 평소보다 훨씬 높이고, 조명 각도와 스피커 위치를 단 1cm의 오차도 없이 조정하며 '시야 확보'에 온 힘을 쏟았습니다.

하지만 이날 가장 중요했던 건 기술적인 문제가 아니었습

니다. 공연 날짜가 바로 '5·18 민주화운동' 기념일 당일이었기 때문입니다. 축제 같은 콘서트를 여는 것이 과연 맞을까? 고민이 깊었습니다. 제작사, 현지 기획사, 아티스트와 수차례 논의한 끝에 예정대로 진행하되, 그날의 의미를 먼저 새기기로 뜻을 모았습니다. 공연 시작 전, 저는 연출석에서 직접 마이크를 잡았습니다. 그날 아침, 현장에 도착해 꾹꾹 눌러쓴

전주 한국소리문화의전당 야외공연장, 연출석에서 직접 촬영

추모사를 낭독하기 위해서였죠. "잠시, 이 땅의 민주화를 위해 산화하신 영령들을 기리며 묵념하겠습니다." 약 5분간 이어진 특별한 추모의 시간. 화려한 조명 대신 고요한 정적이 흐르고, 무대 위 가수들과 수천 명의 관객이 함께 고개를 숙였습니다. 그 장엄한 숙연함은 제가 연출가로서 경험한 가장 떨리고 뜻깊은 순간이었습니다.

일시 ┃ 2024년 6월 1일(토) 오후 7시
장소 ┃ 전주 한국소리문화의전당 야외공연장
출연 ┃ 현역가왕 TOP 7 + 게스트 3팀

전주 공연은 이번 전국투어 중 유일하게 야외에서 열린 무대였습니다. 보통 야외 공연은 낮에 하면 햇빛 때문에 화려한 조명과 영상 효과가 다 묻혀버리고 맙니다. 그래서 이날만큼은 완벽한 연출을 위해 과감하게 낮 공연을 포기하고, 저녁 7시 1회 공연에 모든 것을 걸기로 했죠. 공연장은 마치 고대 그리스 극장처럼 아름다웠습니다. 반원형의 돌출 무대를 중심으로, 관객석이 계단식 석조 좌석을 따라 부채꼴로 높게 뻗어 있었거든요. 덕분에 수천 명의 관객이 무대를 한눈에 내려다볼 수 있었고, 가수들과의 거리도 무척 가깝게 느껴졌습니다. 이날의 하이라이트는 단연 '오프닝'이었습니다. 공연이 시작될 무렵, 서쪽 하늘로 해가 뉘엿뉘엿 저물어가고 있었는데요. 붉게 타오르는 저녁노을을 배경으로 무대 조명이 켜지고 첫 음악이 울려 퍼지던 그 순간! 자연이 만든 빛과 우리가 만든 빛이 하나로 어우러진 그 장면은 말로 표현할 수 없을 만큼 황홀했습니다. 6월 초라 밤공기는 제법 쌀쌀했지만, 노을 속에서 피어난 음악의 열기 덕분에 추위조차 잊을 수 있었던, 가장 낭만적인 밤이었습니다.

Episode 04 완벽한 무대를 위한 최후의 점검, 최종 리허설Final Rehearsal

콘서트 연출가에게 일 년 중 가장 긴장되는 날을 꼽으라면, 단연 '공연 전날, 최종 리허설'입니다. 화려한 막이 오르기 직전, 모든 것이 완벽하게 맞물려 돌아가는지 확인하는 최후의 시뮬레이션이기 때문이죠. 이번 전국투어의 첫 시작이었던 서울 공연의 리허설 24시간을 여러분께 생생하게 공개합니다.

무대는 하루아침에 뚝딱 만들어지지 않습니다. 공연이 열

서울 공연 프로덕션 노트

- 장소: 서울 올림픽공원 KSPO DOME (올림픽체조경기장)
- 규모: 현역가왕 TOP 7, 게스트 4팀, 밴드, 안무팀 등
    출연진 · 스태프 수백 명
- 일정: 토~일 2일간 총 3회 공연

리기 전인 화요일부터 목요일까지는 '시스템 인프라^{System} ^{Infrastructure}'를 만드는 시간입니다. 텅 빈 체육관에 거대한 철제 타워를 세우고 무대 바닥, 음향, 조명, 대형 LED 영상, 특수효과 장비들을 하나하나 설치합니다. 그리고 대망의 금요일, 아티스트가 직접 참여하는 '본 리허설'이 진행됩니다. 기계적인 세팅을 넘어 무대에 '생명'을 불어넣는 날이죠. 리허설 전날 밤, 저는 자정이 넘도록 기술 점검과 안전 조치를 수차례 확인했습니다. 혹시 모를 작은 나사 하나라도 놓칠까 봐 현장을 몇 번이고 돌고 나서야, 겨우 숙소로 돌아가 잠깐 눈을 붙일 수 있었습니다.

Time LOG

멈추지 않는 연출가의 시계: 리허설 당일 24시

AM 08:00 | 알람과 함께 시작되는 긴장

눈을 뜨자마자 하루 일정표부터 확인합니다. 오늘 가장 먼저 체크할 것은? 바로 '중계차'입니다. 이번 공연은 TV 녹화가 예정되어 있어, 아침 7시부터 들어오기로 한 방송 장비들이 무사히 도착했는지 무대감독에게 확인합니다.

AM 08:40 | 현장 도착, '안전 제일'

공연장에 도착해 조연출, 무대감독들과 모닝커피를 마시며 짧은 작전 회의를 합니다. 숨 돌릴 틈도 없이 곧바로 백스테

이지 투어 시작! 아티스트 대기실부터 무대 위 장비 설치 상
태, 그리고 무엇보다 중요한 '안전 동선'을 꼼꼼히 살핍니다.

AM 09:00 | 기술팀 집결 Tech Crew Call

음향, 조명, 영상, 특수효과 등 각 분야의 '어벤져스'들이 모
이는 시간입니다. 어제 완벽하게 테스트를 마쳤더라도, 오늘

⁞ 공연을 총괄 지휘하는 연출 감독의 자리

무대 맨 앞 단에 설치된 조명,
특수효과, 음향&프롬프터 모니터

다시 점검하는 건 기본 중의 기본이죠. 기계는 언제든 고장 날 수 있으니까요.

AM 10:00 | 테크니컬 리허설 Technical Rehearsal

드디어 연출석에 앉아 인터컴intercom headset, 무전용 헤드셋을 착용합니다. 아직 가수는 없습니다. 오직 기술적인 요소들—영상, 음악, 조명 타이밍—만 맞추는 시간입니다. "영상 큐, 조명 스탠바이… GO!"

AM 11:00 | 사운드 체크 & 동선 확인

밴드와 코러스, 안무팀이 합류합니다. 악기 소리 밸런스를 잡고 가수들의 동선을 체크하죠. 특히 요즘은 가수들이 개인 마이크와 인이어 모니터in-ear monitor를 많이 쓰는데, 이게 현장 시스템과의 호환성 문제로 고전하기도 합니다. 이번에도 14팀 중 무려 8팀이 개인 장비를 가져와 이를 최적화하느라 꽤나 진땀을 뺐습니다.

PM 12:00 | 폭풍 전야의 점심시간

잠시 숨을 고르는 시간. 제작사에서 준비한 밥차catering, 케이터링로 식사를 해결합니다. 밥 먹는 시간에도 각 부서장들과

눈빛을 교환하며 업무 조율은 계속됩니다.

PM 01:00 | 무대 리허설Dry Rehearsal

이제 가수들이 무대에 오릅니다. 저는 연출석 마이크를 잡고 전체를 지휘합니다. 솔로곡, 유닛곡, 단체곡 순서로 진행하며 밴드, 안무팀, 기술팀의 합을 정교하게 맞춥니다.

PM 04:00 | 최종 드레스 리허설Dress Rehearsal 긴장감 최고조의 시간

조명을 실제 공연처럼 어둡게 하고, 모든 스태프가 '실전' 모드로 돌입합니다. "오프닝 영상, GO!" 제 큐Call 사인에 맞춰 음악이 터지고 TOP 7 가수들이 리프트를 타고 등장할 때,제 심장도 같이 뜁니다. 마지막 커튼콜까지 사고 없이 끝나면 그제야 안도의 한숨을 내쉽니다.

PM 08:00 | 피드백 회의 및 수정Production Meeting

리허설이 끝났다고 퇴근? 천만의 말씀입니다. 각 팀장이 모여 오늘 발견된 문제점을 털어놓고 해결책을 찾습니다. 가수의 요청 사항을 반영해 큐시트를 수정하고, 최종 타임테이블을 만들어 전원에게 배포합니다.

AM 00:00 (자정) | 고요해진 공연장

기술팀의 작업이 얼추 마무리됩니다. 조명팀이 마지막 세팅 값을 저장할 때쯤, 저는 무대감독에게 현장을 맡기고 공연장을 나섭니다. 하지만 머릿속은 여전히 ON 상태. 조용히 내일의 공연을 시뮬레이션해 봅니다.

AM 02:00 | 하루의 마침표

숙소에 들어와 비로소 잠자리에 듭니다.

이처럼 공연 연출가의 하루는 1분 1초도 긴장의 끈을 놓을 수 없습니다. 화려하게 빛나는 저 무대 뒤에는, 보이지 않는 곳에서 치열하게 땀 흘리는 수많은 사람의 열정이 숨 쉬고 있답니다.

PERFORMANCE
DIRECTOR

공연의
세계

공연이란 무엇인가요?

편 공연이란 무엇인가요?

김 공연이 무엇인지 한마디로 정의하기는 쉽지 않습니다. 하지만 세계적인 석학들의 이야기를 빌리면 좀 더 명확해지죠. 먼저, '퍼포먼스 연구'의 창시자인 미국의 리처드 셰크너^{Richard Schechner} 교수는 이렇게 말했습니다.

"공연이란 훈련되고 반복된 행동을 특정한 시간과 공간에서 수행하는 행위이며, 그것을 관람하는 사람이 있을 때 비로소 완성된다."

즉, 공연은 막연히 보여주는 것이 아니라 '철저히 계산된 의도와 훈련(연습)'이 필요하며, 무엇보다 '관객'이 존재할 때 비로소 완성된다는 뜻입니다. 리허설과 준비 과정까지도 넓은 의미의 공연으로 보는 것이죠.

또, 독일의 공연학자 외젠 반 에르번^{Eugene van Erven}은 조금 더 사회적인 의미를 부여했습니다.

"문학적 의미를 창출하는 사회적 사건이며, 공동체의 경험을 재현하거나 변형하는 의식이다."

말이 조금 어렵죠? (웃음) 쉽게 풀자면, 공연은 단순한 볼거리가 아니라 우리 사회의 이야기를 담아내고, 사람들이 그

감동을 함께 나누는 '문화적 사건'이라는 겁니다.

마지막으로 예술학 사전에서는 '관객 앞에서 실제로 연출되는 음악, 무용, 연극 등 무대예술의 총칭'이라고 정의합니다. 녹화된 영상이나 영화와 달리, 지금 내 눈앞에서 살아 움직이는 '현장성Liveness'을 강조한 것이죠.

자, 이 모든 것을 종합해서 제가 한 문장으로 정리해 드릴게요.

"공연이란 특정한 공간에서 관객과 호흡하며, 다양한 표현 방식을 통해 실시간으로 이루어지는 살아있는 예술 행위이다."

편 공연의 종류는 어떻게 나눌 수 있나요?

김 공연은 기준에 따라 정말 다양하게 나뉩니다. 형식, 장르, 기능, 공간 등 분류법이 많지만, 우리 청소년 여러분이 일상에서 쉽게 접할 수 있는 대표적인 장르를 중심으로 알기 쉽게 설명해 드릴게요.

연극Theater　"배우의 숨소리까지 들리는 생생한 현장"

연극은 배우가 무대 위에서 대사와 연기로 사건을 표현하고, 관객이 그 이야기를 눈앞에서 경험하는 예술입니다. 핵심 요소는 배우, 대본(희곡), 무대, 관객, 그리고 '현장성'입니다. 고대 그리스 시대부터 이어져 온 공연 예술의 뿌리이자 중심이라 할 수 있죠. 영상과 달리, 내 눈앞에서 펼쳐지는 배우의 땀방울과 호흡을 직접 느낄 수 있다는 점이 가장 큰 매력입니다.

오페라Opera　"음악으로 완성되는 웅장한 드라마"

오페라는 음악, 연극, 미술이 결합된 서양 공연 예술의 정점입니다. 가장 큰 특징은 대사까지도 노래로 부른다는 점이에요. 주인공의 감정을 표현하는 독창Aria, 아리아과 이야기를 진행하는 서창recitative, 레치타티보이 어우러지죠. 여기에 화려한 무대장치와 의상, 웅장한 오케스트라 연주가 더해져 눈과 귀를 동시에 압도하는 종합 예술입니다. 16세기 말 이탈리아에서 시작되어 궁정과 극장을 중심으로 발전했으며, 이후 유럽의 극음악 공연의 중심 장르로 자리 잡았습니다.

뮤지컬Musical　"춤과 노래로 폭발하는 에너지"

뮤지컬은 연극적인 이야기 위에 신나는 노래와 춤, 연기가 결합된 장르입니다. 평론가 스티븐 슈스킨Steven Suskin은 '뮤지컬은 대사·노래·춤이 유기적으로 결합해 극적 의미를 전달하는 연극의 한 형태'라고 정의했죠. 19세기 말, 오페레타Operetta와 버라이어티 쇼Variety Show, 그리고 미국 브로드웨이Broadway의 상업 연극이 결합하며 탄생했습니다. 오페라보다 대중적인 음악(팝, 록, 재즈 등)을 사용하고, 쇼Show적인 요소가 강해 지루할 틈이 없습니다. 오늘날 전 세계적으로 가장 사랑받는, 대중과 가장 가까운 무대 예술입니다.

무용Dance　"말보다 정직한 몸의 언어"

무용은 대사 없이, 오직 사람의 신체 움직임만으로 감정과 이야기를 전달하는 예술입니다. 우아한 발레^{Ballet}부터 자유로운 현대무용, 그리고 여러분이 좋아하는 스트리트 댄스^{Street Dance}와 K-pop 댄스까지 모두 포함됩니다. 언어의 장벽 없이 몸짓 하나로 소통할 수 있다는 것이 무용만의 강력한 언어입니다.

연주회^{Concert} "소리 그 자체에 집중하는 시간"

연주회는 시각적인 연출보다는 '듣는 즐거움'에 집중하는 공연입니다. 피아노 독주회, 실내악, 거대한 교향악^{orchestra}, 오케스트라, 합창 등이 여기에 속합니다. 클래식뿐만 아니라 재즈나 국악 연주회도 포함되죠. 18세기 유럽 귀족 살롱^{Salon}에서 시작해 19세기 이후 대중 콘서트로 확산되었습니다. 화려한 볼

⋮ 〈워커힐예술단〉 창작무용 〈환희〉 공연

거리보다는 연주자의 손끝에서 탄생하는 선율과 그 울림을
온전히 감상하는 것이 포인트입니다.

상업 공연 Commercial Show　　"관객을 압도하는 스펙터클 엔터테인
먼트"

　상업 공연은 말 그대로 대중의 흥미와 흥행을 최우선으
로 기획된 '쇼Show'를 뜻합니다. 예술적 난해함보다는 누구
나 쉽게 즐길 수 있는 재미와 볼거리가 핵심이죠. 최첨단 무
대 기술과 특수효과를 총동원해 관객의 눈을 뗄 수 없게 만
듭니다. 세계적인 '태양의 서커스Cirque du Soleil', 라스베이거스의
화려한 쇼, 테마파크 퍼레이드, 그리고 전 세계를 열광시키는
대형 K-pop 콘서트가 바로 이 분야의 대표 주자입니다.

　어때요? 이렇게 보니 공연의 세계가 참 넓죠? 각 장르의 매
력을 알고 나면, 앞으로 공연을 볼 때 훨씬 더 깊이 있고 재
미있게 즐길 수 있을 거예요.

공연의 역사가 궁금합니다

편 공연의 역사가 궁금합니다. 언제부터 시작되었나요?

김 공연의 역사는 인류 문명의 시작과 함께 출발했습니다. 사람이 모여 사는 곳에는 늘 공연이 있었으니까요. 시대가 변할 때마다 공연 역시 새로운 옷을 갈아입으며 발전해 왔습니다. 그 거대한 흐름을 핵심만 짚어 정리해 드릴게요.

선사·원시 시대 | "생존을 위한 간절한 몸짓"

문자가 없던 시절, 공연은 사냥의 성공과 부족의 안녕을 비는 '제사(의식)'였습니다.

- 형태: 주술적인 춤, 사냥을 재현하는 의례극
- 특징: 예술이라기보다는 생존과 단결을 위한 '의례적 행위'에 가까웠습니다.

고대 문명 (기원전~기원후) | "축제가 되고 제도가 되다"

도시가 생기고 종교가 체계화되면서 공연도 '틀(형식)'을 갖추기 시작합니다.

- 그리스: 아테네에서 '희극과 비극'이 탄생하고, 전용 극장이
  만들어졌습니다.
- 아시아: 인도와 중국에서도 춤과 노래, 연기가 결합된 전통극
  이 발전했습니다.
- 특징: 단순한 의식을 넘어 이야기(서사)가 생겼고, 극장이라는
  제도가 정착되었습니다.

중세 (5세기~15세기) | "신을 찬양하는 무대"

기독교가 지배하던 유럽에서는 교회가 곧 극장이었습니다.
- 형태: 성경의 내용을 쉽게 전달하기 위한 성극, 기적극, 도덕
  극 등
- 특징: 종교적 가르침을 주는 교육적 목적이 강했으며, 교회
  절기나 축제와 밀접하게 연결되었습니다.

르네상스·바로크 (15세기~18세기) | "인간 중심의 화려한 예술"

신의 시대에서 인간의 시대로 넘어오며, 공연은 더욱 화려
하고 정교해졌습니다.
- 이탈리아: 음악과 극이 합쳐진 오페라(Opera)가 탄생했습니다.
- 무대: 원근법을 활용한 무대 배경과 기계 장치, 조명 기술이
  비약적으로 발전했습니다.

– 특징: 발레, 가면극 등 장르가 세분화되고 시각적·음악적 웅
장함을 추구했습니다.

근대 (19세기) | "대중을 위한 산업이 되다"

산업혁명과 도시화로 인해 일반 대중이 공연의 주 소비층
으로 등장했습니다.

– 형태: 있는 그대로의 삶을 그리는 사실주의 연극, 낭만주의
오페라, 초기 뮤지컬 등 극장에서 레퍼토리 제도가 도
입되었습니다.

– 특징: 티켓을 팔고 시즌별로 공연하는 상업 시스템이 자리 잡
았고, 연출과 연기 기법도 체계화되었습니다.

현대 (20세기) | "기술과 예술의 파격적 만남"

전기의 발명과 급격한 사회 변화는 무대 위 상상력의 한
계를 무너뜨렸습니다.

– 기술: 전기 조명, 음향 녹음, 영화 기술의 도입

– 경향: 연출가의 역할이 매우 중요해졌고, 기존 형식을 깨부수
는 실험극과 퍼포먼스 아트가 쏟아져 나왔습니다.

– 특징: 장르 간의 벽이 허물어지는 '융합'이 시작된 시기입니다.

21세기 현재 | "현실을 넘어선 무한한 확장"

지금 우리는 전통과 첨단 기술이 뒤섞이는 대혁명의 시기를 살고 있습니다. 디지털 기술과 스마트폰은 공연을 즐기는 방식 자체를 바꿔놓았죠.

- 형태: 안방에서 즐기는 온라인 스트리밍 콘서트, 가상현실VR과 증강현실AR을 활용한 메타버스 공연 등
- 특징: 무대라는 물리적 공간의 한계를 넘어, 온·오프라인이 결합된 하이브리드Hybrid 형태로 진화하고 있습니다.

공연은 멈춰 있지 않습니다. 고대부터 지금까지 늘 당대 최고의 기술과 문화를 흡수하며 진화해 왔죠. 미래의 공연은 또 어떤 모습일까요? 바로 여러분이 만들어갈 세상입니다.

참고 자료 출처

공연사 개관 (socratica.com)
무대 및 조형요소의 역사 (oxfordbibliographies.com)
연극사 발전 연구 (studocu.com)
공연학 연구 (numberanalytics.com)
퍼포먼스 아트의 역사 (performanceartresources.com)

편 공연은 왜 하는 걸까요? 그 궁극적인 목적이 궁금합니다.

김 우리가 보는 공연은 단순히 무대 위에서 노래하고 춤추는 '눈요깃거리'가 아닙니다. 모든 공연에는 분명한 이유가 있고, 관객들은 저마다의 목적을 가지고 객석을 채우죠. 공연이 우리에게 주는 다섯 가지 선물 같은 이유, 이렇게 정리해 볼 수 있습니다.

1) 살아있는 이야기의 전달 Storytelling

공연은 '지금, 여기'에서 펼쳐지는 이야기입니다. 배우의 연기, 조명, 음악이 어우러져 우리에게 말을 걸어오지요. 관객은 이를 통해 내가 살아보지 못한 시대, 타인의 삶을 간접 체험하며 세상을 보는 새로운 눈을 뜨게 됩니다.

2) 가슴 뛰는 즐거움과 감동 Entertainment

가장 기본적이고도 강력한 목적은 바로 '재미'입니다. 배꼽 빠지게 웃긴 코미디, 눈물 콧물 쏟게 하는 연극, 환상의 세계로 데려가는 뮤지컬, 그리고 심장을 쿵

비보이 공연을 즐기는 관객들

쿵 뛰게 하는 K-pop 콘서트까지. 이 모든 것은 반복되는 일상에 지친 우리에게 특별한 해방감과 위로를 선물합니다.

3) 너와 나, 우리의 연결 Connection

공연장은 수천 명의 낯선 사람이 '감정'을 공유하는 마법의 공간입니다. 같은 장면에서 웃고 박수 치며 우리는 하나가 됩니다. 특히 콘서트장에서 모르는 옆 사람과 함께 '떼창'을 할 때 느껴지는 그 전율! 오직 공연만이 줄 수 있는 강력한 유대감이죠.

4) 문화와 전통의 다리 Culture & Tradition

사물놀이, 판소리, 탈춤 같은 전통 공연은 우리 민족의 얼과 역사를 다음 세대로 이어주는 타임머신입니다. 반대로 해외 공연을 볼 때는 그 나라의 문화를 이해하고 존중하게 되죠. 공연은 이렇게 과거와 현재, 우리와 세계를 잇는 소통의 창구가 됩니다.

5) 세상을 바꾸는 울림 Social Impact

때로는 공연이 세상을 바꾸기도 합니다. 전쟁의 아픔,

환경 문제, 장애인에 대한 편견 등 묵직한 주제를 다루는 공연들은 우리에게 '질문'을 던집니다. 단순한 오락을 넘어, 올바른 가치관을 심어주고 행동하게 만드는 '사회적 힘'을 가지고 있는 것이죠.

결국 공연은 우리를 즐겁게 하고, 생각하게 만들며, 서로를 꼭 끌어안게 합니다. 그래서 공연은 단순한 취미 생활이 아니라, 우리 삶을 더 풍요롭고 따뜻하게 만드는 필수 영양소와도 같습니다.

공연은 어떤 과정으로 만들어지나요

편 공연은 어떤 과정으로 만들어지나요?

김 공연 장르마다 조금씩 다르긴 합니다. 연극이나 뮤지컬은 배우들의 연습 기간이 아주 길지만, 대중음악 콘서트는 기술적인 준비에 더 많은 시간을 쏟죠. 여기서는 제가 전문으로 하는 '대중음악 콘서트'를 기준으로, 그 치열한 탄생 과정을 7단계로 나누어 설명해 드릴게요.

1단계: 공연 기획 Concept & Planning "밑그림 그리기"

가장 먼저 콘서트의 '큰 그림'을 정하는 단계입니다.

- 주요 작업: 콘셉트는 무엇인지, 타깃 관객은 누구인지, 출연자는 누구로 할지, 그리고 가장 중요한 '언제, 어디서, 얼마의 예산으로' 할지를 결정합니다.
- 참여: 제작자, 연출 총감독, 아티스트 측 담당자, 기획팀

2단계: 프리 프로덕션 Pre-Production "설계도 완성하기"

기획된 내용을 현실로 옮기기 위해 구체적인 계획을 세우고 '제작팀 Production team'을 꾸리는 단계입니다.

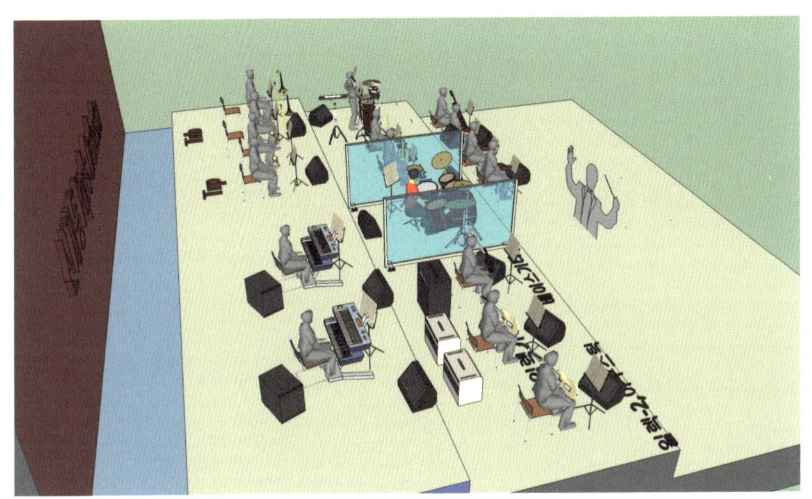

밴드 악기 배치도

    – 주요 작업: 세트리스트Setlist, 노래 목록 확정, 편곡 방향 결
정, 무대 디자인, 포스터 촬영, 티저 영상 제작, 공연장
계약 등

    – 참여: 연출 총감독, 음악감독, 무대 디자이너, 기술감독
등 모든 파트장

3단계: 프로덕션 제작 Production Work **"본격적인 재료 준비"**

각 분야 전문가들이 연출 감독의 지휘 아래 각자의
위치에서 맹렬하게 움직입니다.

– 제작 파트: 계약 체결, 티켓 판매 시작, 홍보 및 스폰서
유치

– 아티스트 파트: 편곡 및 악보 작업, 밴드 합주, 안무 창
작 및 연습, 대본(멘트) 작성

– 무대기술 파트: 무대 디자이너가 그린 도면을 바탕으
로 조명, 음향, 영상, 특수효과 팀이 장비 설치 계획을
세웁니다. 특히 영상팀과 VJ는 무대 뒤를 장식할 화려
한 영상 소스를 제작합니다.

4단계: 공연장 셋업 Set-up **"빈 공간을 무대로 바꾸는 마법"**

공연 2~3일 전, 텅 빈 공연장에 10여 개의 기술팀이
투입됩니다. 연출팀의 타임테이블에 맞춰 전쟁 같은 작
업이 시작되죠.

첫째 날: 뼈대를 세웁니다. 구조물팀이 레이어Layher, 철
제구조물를 설치하면, 그 위에 LED 스크린을 걸고 무대 바
닥을 깝니다.

둘째 날: 조명, 음향, 특수효과, 중계 카메라를 설치하
고 시스템을 테스트합니다. 객석 뒤편에는 이 모든 것을
조종하는 '콘솔 부스Console Booth'가 자리를 잡습니다.

현장은 보통 아침 9시부터 자정까지 쉼 없이 돌아가

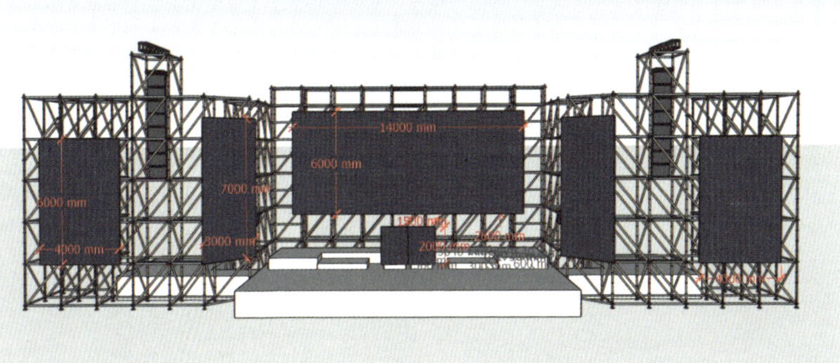

구조물과 LED 영상 설치 도면

무대 바닥

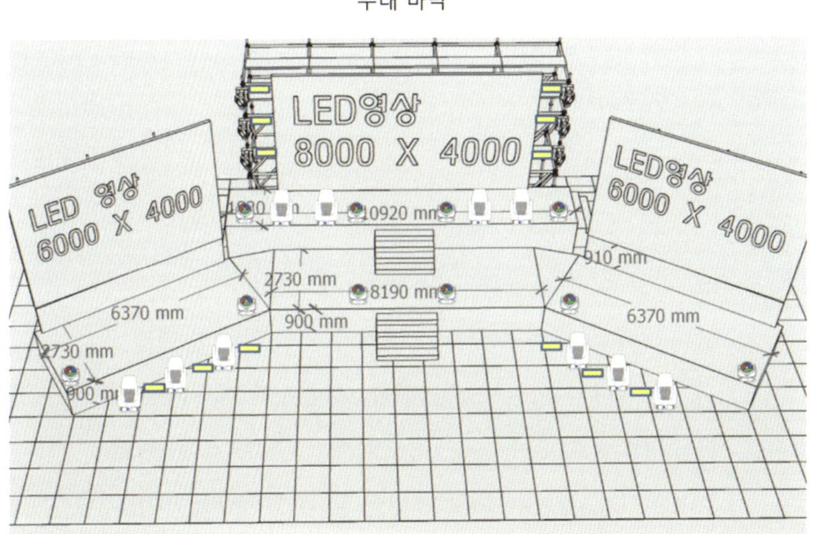

무대 제작·설치를 위한 수치화된 도면

공연장 셋업 작업 - 구조물 설치

고, 상황에 따라 밤을 꼬박 새우기도 합니다. 수백 개의 장비와 수십 명의 스태프가 뒤엉키는 이 복잡한 현장에서, 단 하나의 안전사고도 없이 모든 것이 계획대로 착착 진행되도록 조율하는 '총책임자'. 그게 바로 연출 총감독이며, 그를 중심으로 손발을 맞추는 사람들이 바로 연출팀입니다.

5단계: 리허설^{Rehearsal} "실전 같은 연습"

리허설은 크게 두 가지로 나뉩니다.

- 테크니컬 리허설^{Technical Rehearsal}: 가수 없이 기술팀끼리 진행합니다. 큐시트(진행표)에 맞춰 조명, 음향, 영상 타이밍을 0.1초 단위로 맞춥니다.
- 드레스 리허설^{Dress Rehearsal}: 가수와 기술팀이 모두 모여 '실제 공연처럼' 처음부터 끝까지 진행합니다. 의상도 갖춰 입고, 멘트와 동선, 의상 교체 시간(퀵 체인지)까지 꼼꼼하게 제크합니다.

6단계: 공연^{Show} "D-Day, 막이 오르다"

공연 당일은 아침부터 전쟁입니다. 로비에는 포토존과 굿즈, 팬클럽 부스가 설치되고, 객석에는 번호표가 붙습니다. 공연 4시간 전, 최종 시스템 점검 후 아티스트가 무대에 올라 마이크와 인이어 모니터^{in-ear monitor} 상태를 마지막으로 확인합니다. 낮과 저녁, 하루 2회 공연인 날은 정말 숨 쉴 틈도 없이 바쁘게 돌아갑니다. 작은 실수도 용납되지 않는, 가장 짜릿한 순간이죠.

7단계: 철수Load-out / Strike **"화려한 꿈의 뒷정리"**

관객이 모두 빠져나가면, 곧바로 철수 작업이 시작됩니다. 이를 현장 용어로 '스트라이크Strike'라고도 합니다. 설치의 역순으로 진행되는데, 모든 팀이 동시에 움직이기 때문에 '안전'이 무엇보다 중요합니다. 무대감독의 통제 아래, 가장 먼저 들어왔던 구조물팀이 가장 마지막에 나가면서 공연은 비로소 끝이 납니다.

정리하자면 [기획 → 프리 프로덕션 → 프로덕션 → 셋업 → 리허설 → 공연 → 철수], 이 7단계를 거쳐 하나의 무대가 완성됩니다. 무대 위 화려한 조명 뒤에는, 수많은 스태프의 땀방울과 정교한 팀워크가 숨어 있는 '종합 예술'입니다. '아는 만큼 보인다'라는 말이 있죠? 이 과정을 이해하고 나면, 공연이 전과는 완전히 다르게 보일 겁니다. 화려한 조명 뒤에 숨겨진 수많은 사람의 땀방울과 뜨거운 팀워크, 이제 여러분의 눈에는 그 아름다운 뒷모습이 보일 테니까요.

↑〈최진희 40주년 기념 콘서트〉본 공연, 연출석에서 직접 촬영

한 편의 공연에 투입되는 다양한 직업이 궁금해요

편 무대 위에 서는 가수 말고도 정말 많은 분이 일하고 계시네요. 구체적으로 어떤 직업들이 있나요?

김 화려한 백조가 물 밑에서 치열하게 발버둥 치듯, 공연 뒤에는 수많은 전문가가 있습니다. 대중음악 콘서트를 기준으로 크게 세 그룹의 '어벤져스'로 나눌 수 있습니다.

1) 기획·제작 그룹 The Architects "공연의 밑그림을 그리고 판을 만드는 사람들"

- 기획·예산 담당자: 공연의 '브레인'입니다. 누구를 섭외하고 돈은 얼마나 쓸지, 어떻게 흥행시킬지 큰 그림을 설계합니다.
- 홍보·마케팅 담당자: 공연의 '확성기'입니다. 포스터를 만들고 SNS를 운영하며 관객을 모읍니다.
  대관·티켓 담당자: 공연장을 계약하고 티켓 판매처와 조율하며, 관객들이 편안하게 입장하도록 관리합니다.

2) 아티스트 그룹 The Stars & Supporters "무대 위에서 빛나는 주인공과 조력자들"

- 메인 아티스트 & 게스트: 공연의 주인공인 가수와 게스트로 참여한 동료 가수들입니다.

- 밴드 · 오케스트라: 라이브 공연의 심장입니다. 상황에 따라 5인조 밴드부터 웅장한 오케스트라까지 다양하게 편성됩니다.

- 작가팀: 콘서트의 이야기꾼입니다. 멘트 대본과 노래 가사 자막을 준비하고, 공연 중에는 가수가 볼 수 있게 프롬프터Prompter, 자막 모니터를 넘겨줍니다.

- 안무팀 & 코러스팀: 가수의 퍼포먼스를 돋보이게 하는 댄서들과 목소리로 풍성함을 더하는 보컬들입니다.

- 스타일링팀(헤어/메이크업/의상): 출연자를 가장 멋지게 변신시키는 '금손'들입니다. 조명 아래서 가장 빛나는 스타일을 만들어냅니다.

- 매니저Manager: 아티스트의 그림자입니다. 스케줄 관리부터 현장 케어까지, 가수가 오직 공연에만 집중할 수 있게 돕습니다.

3) 기술 · 운영 그룹The Magicians "상상을 현실로 만드는 기술 장인들"

- 연출팀: 공연의 '선장'입니다. 기획부터 실행까지 전 과

정을 총괄 지휘하며 흐름을 만듭니다.

- 무대감독팀: 현장의 '지휘관'입니다. 연출팀의 계획이 안전하고 정확하게 돌아가도록 모든 파트를 통제합니다.

- 무대팀 & 구조물팀: 공연장의 뼈대를 만듭니다. 레이어Layher라는 철제 시스템으로 거대한 구조물을 세우고 바닥을 깝니다.

- 조명팀 & 전식팀: 빛의 마술사입니다. 조명과 전기 장식으로 무대의 분위기와 감정을 시각적으로 표현합니다.

- 음향팀: 소리의 장인입니다. 마이크, 스피커, 모니터 등 모든 사운드가 관객에게 완벽하게 들리도록 조율합니다.

- 영상팀 & VJ: 무대 배경을 책임집니다. 대형 LED 스크린에 영상을 띄우고, 음악에 맞춰 실시간으로 영상을 믹싱V-jing합니다.

- 특수효과팀: 하이라이트를 만듭니다. 불꽃, 폭죽, 포그Fog, 연기, 꽃가루 등으로 극적인 장면을 연출합니다.

- 중계팀: 생생함을 전달합니다. 대형 스크린에 가수의 얼굴을 비추거나 공연 실황을 녹화합니다.

↥ 콘서트 FOH^{Front of House}에서 공연을 책임지는 감독들

- 기타 지원팀: 악기팀(악기 관리), 보안팀(경호), 렌털팀(의
자/천막 설치), 운영팀(식사/숙소 지원) 등 보이지 않는 곳에
서 돕는 분들도 필수입니다.

편 정말 많은 인력이 필요하네요. 그래서 총 몇 명이 움직이
나요?

김 일반적인 실내체육관 콘서트(관객 3,000~5,000명)를 기준으
로 볼 때, 약 25개 전문 분야에서 130여 명의 스태프가 투입
됩니다. 여러분이 잘 아는 BTS, 아이유 같은 슈퍼스타들의
스타디움(경기장) 공연은 어떨까요? 그땐 상상을 초월하는 인
원과 장비가 투입되는, 말 그대로 '걸어 다니는 기업'이 움직
이는 셈입니다.

공연을 찾는 주 관객층은 누구인가요?

 예전에는 주로 젊은 사람들이 공연을 보러 갔던 것 같은데, 요즘 주 관객층은 누구인가요?

 옛날과 비교하면 공연 시장의 지형도가 완전히 바뀌었습니다. 한마디로 관객층이 엄청나게 넓어졌어요. 과거에는 공식이 있었습니다. 뮤지컬은 20·30대, 클래식이나 오페라는 마니아층이나 전문가들만 보는 장르라는 인식이 강했죠. 하지만 최근 대중음악 콘서트Commercial Performance가 폭발적으로 성장하면서 그 경계가 무너졌습니다.

가장 눈에 띄는 변화는 바로 '중장년층의 등장Active Senior'입니다. 여러분이 좋아하는 K-pop 아이돌 콘서트는 여전히 10·20대가 중심이지만, 최근 '트로트'와 '통기타' 장르가 부활하면서 50~70대 어르신들이 공연장으로 쏟아져 나오기 시작했습니다.

이분들의 열정, 정말 대단합니다. 아이돌 팬덤 못지않게 조직적이에요. 팬클럽 옷을 맞춰 입고 대형 버스를 대절해 지방에서 서울로, 서울에서 지방으로 원정 응원을 다니는 풍경이 이제는 아주 흔해졌습니다.

관객이 늘어나니 공연장의 규모도 거대해졌습니다. 예전엔

소규모 극장이 많았다면, 이제는 고척스카이돔이나 서울월드 컵경기장 같은 초대형 스타디움^{Stadium}에서 수만 명이 모이는 콘서트가 자주 열립니다. 트로트 공연도 수천 석 규모의 체육관이나 컨벤션 센터를 가득 채우고요.

결론적으로 지금의 공연장은 '전 국민의 놀이터'가 되었습니다. 10대 청소년부터 우리 부모님, 할머니, 할아버지 세대까지. 세대를 불문하고 누구나 자신만의 '최애'를 응원하며 즐길 수 있는 '관객 다변화의 시대'가 활짝 열린 것입니다.

공연장 전광판에 나오는
실시간 화면은 나중에 사용되나요?

편 공연장 전광판에 나오는 실시간 화면들은 공연이 끝나면 그냥 지워지나요? 아니면 나중에 또 쓰이나요?

김 공연장 대형 LED 스크린에 송출되는 현장 영상의 가장 큰 목적은 '관객을 위한 서비스'예요. 대형 공연장은 워낙 넓어서, 저 멀리 뒷좌석이나 2·3층에 앉은 관객은 가수의 표정이 작게 보이잖아요? 그래서 대형 LED 스크린을 통해 실시간으로 얼굴을 크게 보여주어 현장감을 높이는 거죠. 하지만 이게 끝이 아닙니다. 이 영상들은 중계팀이 고스란히 녹화해서 '소중한 자료^{아카이브, Archive}'로 남겨둡니다.

혹시 영화관에서 아이돌 콘서트 실황 영화나, 집에서 OTT로 오페라 공연을 본 적 있나요? 예를 들어, '메트 오페라'도 영화관 상영을 위해 따로 녹화를 하거든요. 특히 요즘 대중음악 콘서트는 드론^{Drone}까지 띄웁니다. 고정된 카메라 몇 대로는 부족하기 때문이죠. 수십 대의 카메라가 하늘과 객석, 무대 코앞을 오가며 가수의 땀방울과 화려한 군무를 입체적으로 담아냅니다.

이렇게 촬영된 고화질 영상들은 공연이 끝난 후, 편집을 거쳐 영화, 방송, DVD, 유튜브 스트리밍 등 다양한 '2차 콘텐츠'로 재탄생합니다. 즉, 여러분이 현장에서 보는 화면은 단순한 중계가 아니라, 영원히 남을 기록이자 '제2의 창작물'을 만들기 위한 재료인 셈입니다.

왜 영화관에서 콘서트를 상영하나요?

편 요즘은 영화관에서 콘서트를 상영하는 경우가 많더라고
요. 군이 영화관에서 하는 특별한 이유가 있나요?

김 가장 현실적인 이유는 '수요와 공급의 불균형' 때문입니
다. 쉽게 말해, 보고 싶은 사람은 너무 많은데 자리가 부족하
거든요.

인기 아이돌의 콘서트는 '피켓팅(피 튀기는 티켓팅)'이라고 불
릴 만큼 예매가 전쟁입니다. 돈과 시간이 있어도 표를 못 구
해서 못 가는 팬이 전 세계적으로 수천만 명이나 되지요. 아
무리 큰 스타디움이라도 한 번에 수용할 수 있는 인원은 기
껏해야 2~3만 명 정도니까요.

이 문제를 해결해 준 것이 바로 '기술의 발전'입니다. 4K,
8K 고화질 카메라와 입체 음향 기술이 발달하면서, 이제는
현장의 열기를 그대로 담은 고퀄리티 영상 콘텐츠 제작이 가
능해졌습니다.

여러분도 잘 아는 BTS의 〈Permission to Dance on Stage
– LA〉나 블랙핑크의 〈Born Pink World Tour〉 같은 작품들
이 대표적이죠. 영화관의 거대한 스크린과 압도적인 사운드
로 보면 실제 콘서트장에 있는 듯한 몰입감을 느낄 수 있습

니다.

클래식이나 오페라 분야도 마찬가지입니다. 세계 최고의 오페라 극장인 '뉴욕 메트로폴리탄 오페라 하우스'의 공연도 실황 영상으로 제작되어 전 세계 극장에 걸립니다.

저도 예전에 워커힐 호텔 재직 시절, 이 '메트 오페라Met Opera' 상영을 기획한 적이 있습니다. 당시 '마티네 콘서트Matinee Concert' 형식으로 운영했는데요. 여기서 '마티네'란 '아침·오전'을 뜻하는 프랑스어에서 유래한 말로, 공연계에서는 '낮 공연'을 뜻합니다. 맛있는 브런치와 해설을 곁들여 낮 시간에 오페라를 상영했더니, 관객들의 반응이 정말 뜨거웠던 기억이 납니다.

결국 영화관 상영은 더 많은 사람이, 더 쉽고 편하게 공연을 즐길 수 있게 해주는 '공연 산업의 즐거운 확장라이브뷰잉, Live Viewing'이라고 볼 수 있습니다.

오랫동안 사랑받고 인정받는
유명한 공연이 있나요?

편 오랜 시간 사랑받는 유명한 공연들, 어떤 게 있나요?

김 '좋은 공연은 시간을 넘어 숨 쉰다'라는 말이 있죠. 유행은 변해도 명작의 감동은 영원하니까요. 각 장르를 대표하는 '불멸의 명작'들을 소개해 드릴게요.

1) 연극: 대학로의 전설들

한국 연극의 메카인 대학로에는 수십 넌째 간판을 내리지 않는 '오픈 런Open Run' 공연들이 있습니다.

〈라이어〉: 1999년 초연 이후 지금까지 매일 관객을 웃기고 있는 코미디 연극의 전설입니다.

〈옥탑방 고양이〉: 2010년 초연되어 로맨틱 코미디의 정석으로 자리 잡았습니다.

〈연애의 목적〉: 2011년부터 현실적인 연애 이야기로 꾸준한 사랑을 받고 있습니다.

2) 뮤지컬: 한국을 넘어 세계로

한국 창작 뮤지컬: 1995년 초연되어 세계 무대에 진

출한 웅장한 대작 〈명성황후〉, 그리고 첫사랑 찾기 신드롬을 일으킨 로맨틱 뮤지컬 〈김종욱 찾기〉(2006)가 대표적입니다.

해외 라이선스: 여러분도 잘 아는 아바^{ABBA}의 노래로 만든 〈맘마미아!〉, 섹시하고 풍자적인 〈시카고〉, 록 음악과 강렬한 드라마가 있는 〈헤드윅〉 등이 있습니다.

3) 넌버벌 퍼포먼스: 언어의 장벽을 넘다

대사 없이 리듬과 몸짓으로만 통하는 공연입니다.

〈난타^{Nanta}〉: 1997년 초연. 주방 도구를 악기처럼 두드리며 전 세계를 강타한 대한민국 대표 작품입니다.

〈점프^{Jump}〉: 2003년 초연. 태권도와 택견을 코미디와 버무려 외국인들에게도 큰 인기를 끌었습니다.

4) 해외 클래식 명작 (오페라 & 뮤지컬)

수백 년, 수십 년을 이어온 진짜 '클래식'들입니다.

오페라: 비제^{Bizet}의 정열적인 〈카르멘〉(1875), 푸치니^{Puccini}의 슬픈 사랑 이야기 〈라보엠〉(1896), 그리고 천재 모차르트^{Mozart}의 유쾌한 〈피가로의 결혼〉(1786) 등이 지금까지도 전 세계 오페라 하우스에서 공연되고 있습니

다.

뮤지컬: 4대 뮤지컬로 불리는 〈캣츠〉(1981), 〈레미제라블〉(1980), 〈오페라의 유령〉(1986), 그리고 현대판 로미오와 줄리엣인 〈웨스트 사이드 스토리〉(1957) 등이 명성을 이어가고 있습니다.

5) 커머셜 쇼^{Commercial Show}: 도시의 상징이 되다

해외여행을 가면 '이 공연은 꼭 봐야 해!'라고 하는 관광 상품 같은 공연들이죠.

태양의 서커스^{Cirque du Soleil}: 1984년 캐나다에서 시작된, 서커스를 예술의 경지로 끌어올린 단체입니다. 한국인들에게도 사랑받은 〈알레그리아〉, 〈퀴담〉, 〈쿠자〉 등이 유명하죠. 특히 미국 라스베이거스의 대형 호텔들에서는 〈O〉, 〈KA〉, 〈Michael Jackson ONE〉, 〈Mad Apple〉 등 전용 극장에서 펼쳐지는 상설 공연들이 매일 밤 매진 사례를 기록합니다.

프랑스 파리 〈물랑루즈^{Moulin Rouge}〉: 1889년에 문을 연, 캉캉춤으로 유명한 전설적인 쇼입니다. 100년이 넘는 역사 동안 끊임없이 안무와 구성을 업그레이드하며 지금도 예매 전쟁을 치르는 파리의 랜드마크입니다.

우리나라 공연의 위상은 어떤가요?

편 이제는 해외 어디를 가도 K-콘텐츠 이야기가 빠지지 않는데요, 실제 우리나라 공연의 위상은 어느 정도인가요?

김 지금 한국 공연의 위상은 한마디로 '세계 최정상World Class'입니다. K-pop 열풍은 한국 공연을 전 세계 주류 무대로 끌어올린 일등 공신이죠. BTS, 블랙핑크, 뉴진스, EXO, 로제, 리사, 피프티 피프티 등 수많은 아티스트가 전 세계 스타디움을 누비며 월드투어를 이어가고 있습니다.

예를 들어, 블랙핑크는 2025년 7월 서울을 시작으로 뉴욕, 파리, 런던, 도쿄 등 세계 주요 도시를 순회하는 초대형 투어를 성공적으로 진행 중입니다. 또한, K-드라마의 인기에 힘입어 OST 전문 가수들이 참여한 〈아시아 투어 콘서트〉도 두바이, 자카르타 등 5개국에서 뜨거운 반응을 얻고 있지요.

하지만 더 놀라운 건, K-pop 이외의 장르에서도 '메가히트Megahit'를 기록하고 있다는 점입니다.

대표적인 사례가 바로 한국 창작 뮤지컬 〈어쩌다 해피엔딩Maybe Happy Ending〉입니다. 이 작품은 제78회 토니상Tony Awards에서 작품상을 포함해 무려 6개 부문을 석권하며 2025년 최고의 화제작이 되었습니다.

　여러분, 미국의 4대 예술상을 아시나요? 영화엔 아카데미, 음악엔 그래미, TV엔 에미상이 있다면, 공연계에는 '토니상'이 있습니다. 브로드웨이 최고의 권위를 자랑하는 상이죠. 2015년 한국에서 초연된 우리 뮤지컬이 2024년 브로드웨이에 진출해 단 1년 만에 이 상을 휩쓴 겁니다. 특히 극본과 작사를 맡은 박천휴 작가는 '한국인 최초의 토니상 수상 창작자'라는 역사적인 기록을 남겼습니다.

　어디 그뿐인가요? 넷플릭스 애니메이션 〈KPop Demon Hunters(케데헌)〉는 전 세계적인 신드롬을 일으키며, 삽입된 OST 8곡이 미국 빌보드 차트를 장악하는 기염을 토했습니다.

　이제 한국 공연은 단순히 '가수가 유명해서' 잘되는 수준을 넘어섰습니다. 기획력, 연출력, 그리고 최첨단 기술력까지, 공연을 만드는 시스템^{System} 자체가 이미 세계 최고 수준에 도달했다는 뜻입니다.

　예전에는 해외 팝스타가 내한하기만을 기다렸다면, 이제는 전 세계 관객들이 K-아티스트가 자기 나라에 오기만을 손꼽아 기다립니다. 한국의 공연 산업이 세계 시장을 이끄는 '퍼스트 무버^{First Mover}'가 된 것입니다.

K-pop 가수들의 해외 투어는
국내 공연팀이 하나요?

 K-pop 가수들이 해외 투어를 가면, 국내 스태프들이 전부 다 따라가나요? 아니면 현지 사람들과 일하나요?

 결론부터 말하면, '핵심 두뇌Core Team'는 한국에서 가고, '손발'은 현지에서 빌립니다. 해외 투어는 비용과 효율성이 생명입니다. 수백 명의 스태프와 수 톤의 장비를 비행기로 다 실어 나를 순 없으니까요. 그래서 아티스트와 직접 관련된 필수 인력(연주자, 안무, 의상, 분장)과 기술을 총괄하는 감독급(연출, 기술, 조명, 음향, 영상 감독)만 비행기를 탑니다. 대신 무대, 조명, 음향 기기 같은 무거운 장비와 이를 설치할 인력은 현지에서 조달합니다. 이때 한국 팀과 현지 팀이 손발을 딱딱 맞추기 위해 사용하는 아주 중요한 '비밀 문서'가 있습니다. 바로 '라이더Rider'입니다.

라이더Rider란? 공연에 필요한 기술적·운영상 요구사항을 담은 '표준 사양서'이자 '계약 문서'입니다. 우리가 현지에 없어도, 현지 스태프가 이 문서만 보면 '아, 한국 팀이 원하는 게 이거구나!' 하고 똑같이 준비해 놓을 수 있게 만든 설명서죠. 크게 세 가지로 나뉩니다.

1) 프로덕션 라이더Production Rider **"공연 운영의 교과서"**

→ 공연 전반에 대한 종합 지침서입니다. 기술적인 내용은 물론, 스태프 운영 계획, 일정표 등 전체적인 큰 그림이 담겨 있습니다.

2) 테크니컬 라이더Technical Rider **"기술 장비 주문서"**

→ 엔지니어들에게 가장 중요한 문서입니다.

'스피커는 어느 회사, 어떤 모델로 몇 개 준비해 주세요', '조명기 위치는 도면상 여기에 달아주세요.' 이렇게 장비의 모델명, 수량, 설치 도면, 전력 용량까지 아주 꼼꼼하게 적혀 있습니다. 이 문서 덕분에 서울에서 쓰던 사운드와 조명을 외국에서도 똑같이 구현할 수 있는 겁니다.

3) 호스피털리티 라이더Hospitality Rider **"아티스트 케어 매뉴얼"**

→ 최고의 무대를 위해 아티스트의 컨디션을 관리하는 요구사항입니다. 대기실 환경(온도, 가습기 등), 식사와 간식 메뉴(알레르기 정보), 호텔 등급, 이동 차량, 보안 가이드라인 등이 상세히 적혀 있습니다.

요약하자면, 한국의 핵심 감독들이 이 '라이더'라는 정교한 설계도를 가지고 현지로 날아가 지휘하는 방식입니다. 덕분에 전 세계 어디서든 'Made in Korea' 공연의 높은 퀄리티를 유지할 수 있는 것이죠.

공연은 왜 우리에게 필요할까요?

편 공연은 왜 우리에게 필요할까요?

김 공연은 사회와 사람을 이어주는 '살아 있는 끈'이자, 우리 마음을 움직이는 가장 강력한 소통의 도구입니다. 단순히 시간을 때우는 오락이 아니에요. 공연은 우리가 지금 어디에 서 있는지 비춰주는 '거울'과도 같습니다. 때로는 내가 가보지 못한 세상을 보여주는 '창문'이 되어주고, 서로 다른 생각을 가진 사람들을 연결해 주는 '다리'가 되기도 하지요.

편 구체적으로 공연이 사람과 사회에 어떤 긍정적인 영향을 미치나요?

김 크게 두 가지 측면, 사회(우리)와 개인(나)에게 주는 선물로 나누어 볼 수 있습니다.

먼저, 공연은 우리 사회를 더 건강하고 풍요롭게 만드는 거름이 됩니다. 공연에는 그 시대의 정신과 지역의 색깔이 고스란히 담겨 있어 문화의 단단한 뿌리가 되어주거든요. 마치 우리 농악이나 판소리가 한국인의 '흥'과 '한'을 세계에 알리는 상징인 것처럼 말이죠. 또한, 사회적 이슈를 다룬 작품들은 관객에게 '과연 이것이 옳은가?'라는 묵직한 질문을 던져 건

전한 토론의 장을 열어주기도 합니다. 삭막한 도시에 숨결을 불어넣는 산소 같은 역할도 빼놓을 수 없죠. 좋은 공연장 하나가 들어서면 사람들이 모이고 상권이 살아나며 도시 전체에 활력이 도니까요.

다음으로, 공연은 나 자신을 성장시키는 소중한 자양분이 됩니다. 때로는 배우의 진심 어린 대사 한마디나 가슴을 울리는 노래 한 곡이 백 마디의 조언보다 더 큰 위로와 용기를 주기도 합니다. 무엇보다 무대는 '불가능이 없는 공간'이잖아요? 현실 너머의 세상을 간접 체험하며 굳어 있던 상상력을 깨우고, 타인의 기쁨과 슬픔을 생생하게 지켜보며 나와 다른 사람을 깊이 이해하는 공감 능력을 키워줍니다. 이런 과정을 통해 우리는 비로소 마음이 넓은 '진짜 어른'으로 조금씩 성장해 나가는 것이죠.

공연을 본다는 건 단순한 '관람'이 아닙니다. 세상과 소통하고, 내 마음의 키를 키우는 가치 있는 여행입니다. 저는 우리 청소년 여러분이 공연을 통해 더 넓은 세상을 만나고, 누구보다 깊은 공감 능력을 가진 멋진 사람으로 성장할 수 있다고 확신합니다.

공연의 수익은 입장료인가요?

□ 공연을 만드는 데 돈이 많이 든다고 하셨는데, 그 비용은 티켓값(입장료)만으로 다 충당이 되나요?

□ 아주 인기가 많은 슈퍼스타라면 티켓 판매만으로도 충분하겠지만, 일반적으로 티켓값만으로는 한계가 있어요.

한번 생각해 볼까요? 공연장의 좌석 수는 딱 정해져 있잖아요. 돈을 더 벌겠다고 무작정 공연 횟수를 늘리면 대관료와 인건비도 덩달아 늘어나고, 그렇다고 티켓 가격을 100만 원, 200만 원으로 마구 올릴 수도 없는 노릇이니까요. 그래서 대부분의 콘서트는 티켓 말고도 다양한 '머니 파이프라인', 즉 추가적인 수익원을 만들어 둡니다. 보통 콘서트의 전체 수익 구조를 들여다보면, 여전히 티켓 판매가 60~70%로 가장 큰 비중을 차지하긴 합니다. 하지만 그게 다가 아니에요. 응원봉이나 티셔츠 같은 MD(굿즈) 판매가 약 15~20%를 차지하고, 나머지는 온라인 스트리밍이나 기업 후원 등이 10~20% 정도를 채워주는 식이지요. 즉, 티켓은 기본이고 굿즈와 부가 콘텐츠가 합쳐져야 비로소 안정적인 수익이 완성되는 구조랍니다.

여기서 아주 흥미로운 사실이 하나 있어요. K-pop 대형 아티스트의 경우, 종종 MD(굿즈) 판매 수익이 티켓 수익을 뛰어넘기도 한다는 점입니다. 여러분도 콘서트장에 가면 응원봉이나 티셔츠, 포토 카드 같은 굿즈를 사기 위해 긴 줄을 서본 적 있죠? 팬들에게 굿즈는 단순한 물건이 아닙니다. '나도 이 공연의 일원이다'라는 소속감이자, '평생 간직할 추억'을 사는 행위니까요. 요즘은 대중가요뿐만 아니라 뮤지컬이나 어린이 공연에서도 이런 굿즈 마케팅이 필수입니다. 결국 공연은 이제 단 2시간의 무대로 끝나지 않습니다. 공연 전후로 이어지는 쇼핑과 경험까지 포함된 '확장된 문화 소비'가 된 셈이죠.

인공지능은 공연에 어떤 변화를 가져올까요?

편 인공지능^{AI}의 발전은 공연 제작 현장에 어떤 변화를 가저올까요?

김 변화 정도가 아니라 '혁명'이 일어나고 있습니다. 대본 쓰기, 영상 제작, 작사·작곡, 심지어 연주까지. 예전에는 오직 사람만이 할 수 있다고 믿었던 성역들이 이제는 AI의 도움을 받아 훨씬 빠르고 정교하게 만들어지고 있습니다. 저도 실제 경험이 있는데요. 올해 연출한 〈한빛예술단〉의 창작 어린이 음악극 〈조금은 특별한 피노키오〉를 만들 때, 시나리오 초안과 무대 배경 영상을 모두 AI와 함께 작업했습니다. 결과는 어땠냐고요? 놀라울 정도로 훌륭했습니다. AI가 단순히 보조를 넘어, 창작의 파트너로서 충분한 자질이 있다는 걸 실감했죠.

편 그럼 우리 청소년들은 미래를 위해 무엇을 준비해야 할까요?

김 이제는 한 우물만 파는 게 아니라, 여러 우물을 섞을 줄 아는 '융합형 인재'가 되어야 합니다. 단순히 지식만 달달 외우거나 시키는 일만 하는 시대는 지났거든요. '기술 + 예술',

'인문학 + 데이터', '감성 + 논리' 이렇게 서로 다른 영역을 비빔밥처럼 맛있게 섞을 줄 아는 능력이 필요합니다. 하지만 가장 중요한 건 '기계와 경쟁하지 말고, 기계와 협업하라.'라는 말입니다. 계산이나 암기는 AI에게 맡기세요. 대신 여러분은 인간만이 가진 따뜻한 공감 능력, 엉뚱한 상상력, 그리고 '무엇이 옳은가'를 판단하는 윤리적 사고력을 키워야 합니다. AI라는 강력한 무기를 손에 쥔 채, 인간의 따뜻한 감성으로 지휘할 때, 미래의 공연 예술은 지금보다 훨씬 더 풍요로워질 것입니다.

앞으로 공연은 어떻게 변화할까요?

 앞으로 공연은 또 어떻게 변할까요? 미래의 모습이 궁금합니다.

 미래의 공연은 한마디로 '경계가 사라진 마법의 세계'가 될 것입니다. 과학기술이 발전하면서 상상 속에서나 가능했던 일들이 무대 위에서 현실이 되고 있거든요. 크게 세 가지 변화를 꼽을 수 있습니다.

첫째는 '보는 공연'에서 '체험하는 공연'으로 바뀝니다. 지금까지는 관객이 객석에 가만히 앉아 무대를 바라보기만 했죠(일방향). 하지만 앞으로는 시공간의 벽이 무너집니다. 관객이 직접 무대 속으로 들어가 주인공이 되거나, 메타버스를 통해 지구 반대편의 친구와 함께 춤추는 '체험형 공연'이 대세가 될 것입니다.

둘째는 장르의 벽이 무너지는 '무한 융합Crossover'의 시대라는 점입니다. 예전에는 연극이면 연극, 무용이면 무용, 콘서트면 콘서트, 이렇게 영역이 딱딱 나뉘어 있었지만 이제는 그 경계선이 아주 흐릿해지고 있습니다.

대표적인 예로 국립극단의 〈리차드 3세〉를 들 수 있겠네요. 이 작품은 배우의 정통 연기에 최첨단 홀로그램 영상을 입혀, 고전 희곡을 마치 미래적인 SF 영화처럼 재탄생시켜 큰 충격을 주었습니다. 음악계도 마찬가지예요. 웅장한 클래식 심포니 오케스트라가 K-pop 아이돌의 음악을 연주하며 세대를 뛰어넘는 에너지를 뿜어내기도 하고, 가수 나윤선 씨와 국악 앙상블의 만남처럼 재즈와 우리 국악이 절묘하게 섞여 세상에 없던 소리를 만들어내기도 하죠. 이처럼 지금의 공연 예술은 서로 다른 예술과 기술이 자유롭게 섞이고 스며들며, 완전히 새로운 '무대 언어'를 창조해 내고 있답니다.

셋째는 '기술'이 곧 '예술'이 되는 시대입니다. 홀로그램, AR^{Augmented Reality, 증강현실}, VR^{Virtual Reality, 가상현실} 기술은 이제 필수입니다. 심지어 이미 세상을 떠난 전설적인 가수를 홀로그램으로 부활시켜, 살아 있는 가수와 듀엣 무대를 꾸미기도 합니다. 영상, 조명, 음향 장비가 첨단화될수록 관객이 느끼는 몰입감은 상상을 초월하게 될 거예요.

결국 융합과 기술은 공연 시장을 더 크고 화려하게 만들 것입니다. 특히 우리나라는 'K-컬처'라는 강력한 소프트웨어와, 세계 최고 수준의 'IT·반도체 기술'이라는 하드웨어를 모두 가졌습니다. 이 둘이 결합한다면 한국의 공연 산업은 글로벌 무대에서 가장 빠르고, 가장 강력하게 성장할 것이라고 저는 확신합니다.

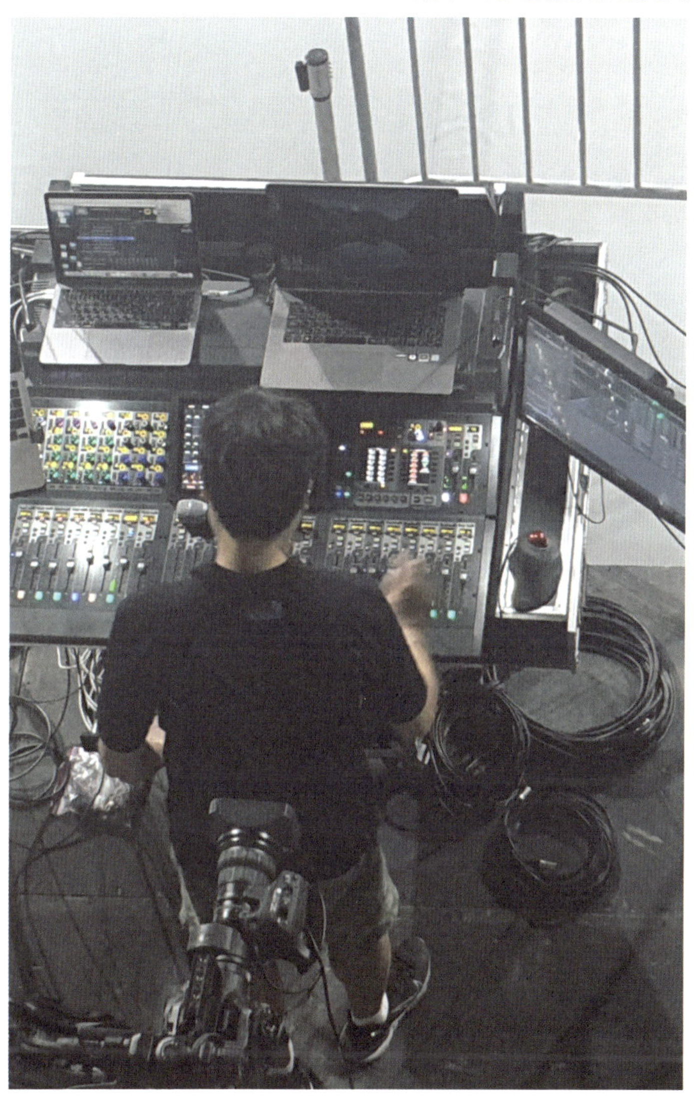

인생을 예술로 일상을 콘서트로 만드는
공연연출가

PERFORMANCE
DIRECTOR

공연
연출가의
세계

공연 연출이란 무엇인가요?

편 가장 기초적인 질문부터 드릴게요. 도대체 '공연 연출'이
란 무엇인가요?

김 공연 연출은 연극, 뮤지컬, 콘서트, 오페라 등 무대 위에
서 벌어지는 모든 것을 설계하고, 그것을 현실로 만들어내는
과정을 말합니다. 쉽게 말해, 공연 연출가는 공연이라는 거대
한 배를 이끄는 '선장'이자 '총감독'입니다.

연출은 단순히 무대를 예쁘게 꾸미는 일이 아닙니다. 대
본 속에 있는 주제와 이야기, 그리고 눈에 보이지 않는 감정
을 '무대의 언어'로 번역해 내는 작업이죠.

여기서 '무대 언어'란 무엇일까요? 배우의 연기와 움직임,
음악, 조명, 무대 디자인, 영상, 의상, 소품 등 관객이 보고 듣
는 모든 시각·청각적 요소를 말합니다.

영화감독이 카메라 앞의 배우와 장면 전체를 책임지듯,
공연 연출가는 무대 위의 이 모든 요소를 하나로 엮어냅니
다. 흔히 연출가를 일컬어 '무대라는 거대한 퍼즐을 맞추는
사람'이라고도 하는데요. 수많은 조각(무대 언어)들을 어디에,
어떻게 배치해야 가장 아름다운 그림이 나올지 결정하는 것
이 바로 연출가의 몫이기 때문입니다.

: 대규모의 연출석 모습

관객들은 무대 뒤에서 얼마나 치열한 과정이 있었는지 다 알지 못합니다. 하지만 연출이 잘된 공연을 볼 때, 그 보이지 않는 노력의 결과로 깊은 감동을 느끼게 되는 것이죠.

공연 연출가는 어떤 일을 하나요?

편 공연 연출가는 구체적으로 어떤 일을 하나요?

김 공연 하나가 세상에 나오기까지, 처음 상상하는 단계부터 무대 위 막이 오르는 순간까지 모든 과정에 관여하고 책임지는 사람입니다.

현장에서는 보통 '연출 감독'이라고 부르는데요, 저 혼자 일하는 게 아닙니다. 조연출, 무대감독 등과 함께 '연출팀'을 꾸려 팀워크로 움직이죠. 연출가의 업무는 크게 세 단계로 나누어 볼 수 있습니다.

1단계 "판을 짜고 사람을 모읍니다."

제작자가 제안한 공연의 핵심 콘셉트Concept를 정리하고, 이를 실현해 줄 아티스트와 각 분야의 전문 스태프들을 모아 '제작 팀Production team'을 구성합니다.

2단계 "조율하고 지휘합니다."

전체 스케줄을 짜고, 조명·음향·영상 등 각 기술팀의 작업 계획을 하나로 모아 지휘합니다. 동시에 가수, 밴드, 안무팀과는 어떤 노래를 부를지(선곡), 무대에서

어떻게 움직일지(동선) 등 세부 사항을 끊임없이 협의
하죠.

3단계 "완성하고 책임집니다."

마지막으로 무대를 세우는 '셋업Set-up'과 실전 같은
'리허설'을 총괄 지휘합니다. 그리고 마침내 관객들 앞
에서 공연을 실수 없이 완벽히 펼치고 막이 내려오는
그 순간까지, 현장의 모든 것을 책임지는 리더가 바로
공연 연출가입니다.

공연 연출가가 많이 만나는 직업군이 궁금해요

 감독님은 공연을 위해서 주로 어떤 분들을 만나시나요?

 공연 연출가는 수많은 사람을 잇는 '인간 연결 고리Hub'와 같습니다. 직업 특성상 크게 세 부류의 전문가들과 많이 소통하죠.

첫째, '기획·제작자'들입니다. 공연계의 흐름을 읽어야 하니까요. 기획사나 제작사 관계자들을 만나 "요즘 트렌드는 뭐야?", "다음엔 어떤 공연을 올릴까?" 하며 끊임없이 정보를 나누고 새로운 판을 짭니다.

둘째, '무대 기술 전문가Technician'들입니다. 조명, 음향, 특수효과 감독님들이죠. 이분들과는 늘 새로운 장비나 신기술에 대해 토론합니다. "감독님, 이번에 새로 나온 레이저 장비 보셨어요? 이거 쓰면 대박일 것 같은데!" 이렇게 기술적인 아이디어를 나누는 과정이 저에게는 가장 큰 공부가 됩니다.

셋째, '아티스트'들입니다. 저는 대중음악 콘서트를 주로 하다 보니 가수, 작가, 연주자들과 친구처럼 지냅니다. 그들의 예술적 감각을 공유하며 영감을 얻죠. 아, 그리고 한 부류가 더 있네요! 바로 '동료 연출가'들입니다. 틈날 때마다 다른 감독님들의 공연을 보러 갑니다. 관객석에 앉아 '와, 저런 연출

은 어떻게 했지?' 하고 감탄하며 배우기도 하고, 경쟁자로서
자극을 받기도 합니다.

인생을 예술로 일상을 콘서트로 만드는
공연연출가

서로 다른 의견들을 조율하는 방법이 있나요?

편 수많은 전문가가 모이다 보면 의견이 부딪칠 때도 있을 텐데요. 서로 다른 의견을 조율하는 감독님만의 방법이 있나요?

김 공연 한 편이 무대에 오르기까지는 꽤 긴 시간이 걸립니다. 그 과정은 '선택과 조율'의 연속이죠. 연출가는 이상과 현실 사이에서 줄타기해야 합니다. 더 멋진 무대를 만들고 싶은 욕심은 끝이 없지만, 기획사가 정해준 '예산'과 '일정'은 한정되어 있으니까요. 이 안에서 최선의 결과를 만들기 위해 끊임없이 협의하고 수정해야 합니다. 기술 스태프들과의 소통도 마찬가지입니다. 각 분야의 최고 전문가들이다 보니, 가끔은 기술적인 문제로 의견이 강하게 충돌할 때가 있습니다. 이때 합의점을 찾아내 배가 산으로 가지 않게 하는 것이 바로 연출가의 책임입니다. 저만의 비결을 꼽자면 '경청'과 '공유'입니다.

첫째, 저는 지시하기 전에 담당자의 의견을 먼저 듣습니다. 전문가의 말을 존중해 줄 때 그들도 마음을 엽니다. 둘째, 정보를 투명하게 공유합니다. '왜 안 되는지', '지금 상황이 어떤지'를 솔직하게 공유하면 오해나 실수가 확연히 줄어들거든요. 무엇보다 스태프들이 눈치 보지 않고 자유롭게 대화할 수 있는 '분위기'를 만드는 게 중요합니다. 그래서 저는 훌륭한 연출가의 조건은 뛰어난 예술 감각이나 기술 지식뿐만 아니라, 사람의 마음을 얻는 '원만한 사회성(친화력)'이라고 믿습니다.

공연 현장에서 실수가 생기면 어떻게 하나요?

편 공연은 생방송이나 마찬가지잖아요. 만약 현장에서 실수가 생기면 어떻게 하나요?

김 드라마나 영화는 촬영 중에 'NG'가 나면 "컷! 다시 갈게요." 하고 재촬영을 하면 그만입니다. 하지만 공연은 다릅니다. 우리에게 '다시'란 없습니다. 막이 오르고 2시간 동안 무대 위에서 벌어지는 일은 실수가 있든 없든, 그대로 관객의 눈앞에 펼쳐지는 100% 리얼 상황이니까요. 방송 녹화 현장과 가장 큰 차이점이 바로 여기 있어요. 방송은 필요하면 잠깐 끊고 갈 수 있지만, 공연은 오직 단 한 번뿐입니다. 중간에 '올 스톱All Stop! 처음부터 다시 합시다'라는 건 상상할 수도 없는 일이죠. 만약 공연이 도중에 멈춘다? 그건 곧 관객 전원에게 티켓을 '전액 환불'해 주고, 날짜를 잡아 다시 공연해야 하는 '대형 사고'를 의미합니다.

그래서 공연은 잔인할 만큼 '완벽'해야 합니다. 수십 개의 팀이 마치 톱니바퀴처럼 한 치의 오차도 없이 맞물려 돌아가야 하거든요. 연출가는 기획 단계부터 철수하는 마지막 순간까지, 이 거대한 흐름을 한눈에 보고 이끄는 사람입니다. 작은 나사 하나가 풀리면 거대한 기계가 멈추듯, 사소한 실수

하나가 전체 공연을 망칠 수도 있습니다. 그렇기 때문에 우리 연출팀은 그토록 집요하게 준비하고, 치열하게 리허설을 하는 것입니다. 그것이 바로 연출가의 어깨에 놓인 막중한 책임이니까요.

업무 강도는 어떤가요?

 솔직히 묻겠습니다. 업무 강도, 많이 센 편인가요?

 상당히 셉니다. 연출가에게는 현장을 지휘할 막강한 권한이 주어지지만, 그만큼 무거운 책임이 따르기 때문이죠. 업무 강도는 직급에 따라 그 '종류'가 조금 다릅니다.

조연출이나 막내 스태프 시절은 '육체적'으로 힘듭니다. 현장 관리, 스태프 소통, 각종 문서 작업 등 발로 뛰어야 할 일이 산더미입니다. 내 시간을 내 마음대로 쓸 수 없으니 체력적으로 지치기 쉽죠. 게다가 내가 잠깐 정신줄을 놓으면 도미노처럼 연쇄적인 사고가 터질 수 있어, 늘 긴장 상태로 있어야 합니다. 이 시기는 말 그대로 '체력전'입니다.

총연출이 되면 '정신적'으로 힘듭니다. 전체적인 일정과 속도를 조절할 수 있어 몸은 조금 편해질지 모릅니다. 하지만 '결정'과 '조율'의 스트레스가 어마어마합니다. 수십 명의 전문가가 저마다 다른 의견을 내놓을 때, 그 사이에서 합의점을 찾아내는 게 정말 만만치 않거든요. 또한, 연출가는 '감정노동자'이기도 합니다. 현장이 아무리 힘들고 화가 나도, 리더인 저는 감정을 함부로 드러내선 안 됩니다. 선장이 흔들리면 선원들이 불안해하니까요. 늘 침착하게 '포커페이스Poker Face'

를 유지하며 팀 분위기를 이끌어야 하는 것, 그것이 연출가
가 견뎌야 할 진짜 업무 강도입니다.

↑ 무대 안전을 점검하는 조연출과 무대감독

많이 사용하는 프로그램이나 장비가 있나요?

편 연출가가 되려면 컴퓨터도 잘해야 하나요? 주로 어떤 프로그램을 쓰는지 궁금합니다.

김 네, 연출가는 현장에서도 일하지만, 책상 앞에서도 많은 시간을 보냅니다. 크게 세 가지 업무 영역에서 프로그램을 활용한다고 보시면 됩니다.

첫째, '소통을 위한 문서 작업' 도구입니다. 기획안 작성, 예산 정리, 큐시트 만들기 등 모든 약속은 문서로 이루어집니다. 그래서 워드Word, 엑셀Excel, 파워포인트PPT, 한글HWP^Hangul ^Word ^Processor 같은 오피스 프로그램은 기본 중의 기본입니다. 특히 조연출이 되면 하루 종일 이 프로그램들과 씨름해야 하니, MS 오피스^MS ^Office 프로그램을 능숙하게 다룰 줄 알면 훨씬 수월합니다.

둘째, '무대를 짓는 도면 작업' 도구입니다. 무대감독이나 디자이너와 소통하려면 도면을 볼 줄 알아야 합니다. 오토캐드^AutoCAD는 무대의 평면도나 구조물 도면을 그릴 때 쓰는 2D 설계 프로그램입니다. 또한 무대 시안이나 공연 장비 설치 도면은 입체적으로 표현해야 하므로 3D 작업용 스케치업^SketchUp 프로그램이 널리 쓰입니다. 연출가가 이 툴을 전문가처럼 다룰 필요는 없지만, 최소한 도면을 '읽고 해석하는 능력(독해력)'은 필수입니다.

셋째, '감각을 더하는 편집' 도구입니다. 영상이나 음악을 편집하기 위해 어도비 프리미어Adobe Premiere로 영상을 자르거나, 오디오 편집 툴로 음악을 믹싱하는 식이죠. 필수는 아니지만, 배워두면 아이디어 회의를 하거나 샘플을 만들 때 아주 강력한 무기가 됩니다. 결론적으로, 모든 프로그램을 프로처럼 다룰 필요는 없습니다. 하지만 이 도구들을 '내 생각'을 표현하는 수단으로 활용할 줄 안다면, 작업 속도와 퀄리티가 훨씬 높아질 겁니다.

이 일을 하면서 가장 힘들었던 건 뭐예요?

편 이 일을 하면서 가장 힘들었던 점은 무엇인가요?

김 아마 공연 연출가라면 누구나 고개를 끄덕일 만한 두 가지 큰 고충이 있습니다.

첫째는 '사람과의 관계'에서 오는 스트레스입니다. 공연은 나 혼자 잘해서 되는 게 아닙니다. 수십 명의 전문가가 얽혀 있는 '협업의 예술'이잖아요? 한정된 시간과 공간 안에서 각자의 욕심과 의견이 부딪칠 때가 정말 많습니다. 그 한가운데서 중심을 잡고 조율해야 하는 사람은 결국 연출가입니다. 아무리 치밀하게 계획해도 현장은 늘 예상치 못한 변수가 터지기 마련이라, 거기서 오는 정신적 압박감이 상당합니다.

둘째는 '극한의 체력전'입니다. 바쁜 시즌에는 몸이 열 개라도 모자랍니다. 프로젝트 2~3개가 동시에 돌아가기도 하거든요. 어제는 서울 리허설, 오늘은 지방 공연, 내일은 또 다른 미팅 등 공연 간격이 불과 2~3일밖에 안 될 때는 잠잘 시간조차 없습니다. 결국 연출가로서 오래 버티는 힘은 '철저한 자기관리'에서 나옵니다. 멘탈이 무너지지 않도록 마음의 평정심을 유지하려 애쓰고, 무엇보다 '체력이 곧 실력'이라는 생각으로 꾸준히 운동하고 있습니다.

공연 연출가로서 특별히 노력하는 게 있나요?

편 좋은 연출가가 되기 위해 특별히 노력하는 점이 있다면 알려주세요.

김 저는 습관처럼 세 가지 노력을 하고 있어요. 첫째, '세상 모든 것에 대한 호기심'을 유지하는 것입니다. 한 가지 일만 오래 하다 보면 '매너리즘Mannerism, 타성'에 빠지기 쉽습니다. 내가 아는 게 전부라고 착각하게 되죠. 그래서 저는 제 전공이 아니더라도 경제, 과학, 패션 등 다양한 분야를 기웃거리며 공부합니다. 특히 요즘 트렌드는 '인문학적 감성'에 '기술적 지식'을 섞는 것입니다. 이 두 가지를 비빔밥처럼 잘 섞을 줄 알아야 남들과 다른 연출이 나오거든요.

둘째는 '사람'을 통해 배웁니다. 저는 사람 만나는 걸 단순히 인맥 관리라고 생각하지 않습니다. 새로운 사람과 대화하다 보면 책에서도 못 본 생생한 정보와 아이디어를 얻게 되거든요. 공연은 결국 '함께하는 작업'이잖아요? 소통의 폭이 넓어질수록 제 연출의 세계도 그만큼 넓어진다고 믿습니다.

마지막으로는 '생존 체력'을 기르는 것입니다. 이건 정말 현실적인 조언인데요, 공연이 임박하면 며칠 밤을 새우는 건 기본이고 엄청난 에너지를 쏟아부어야 합니다. 머리가 좋아도 몸이 안 따라주면 버틸 수가 없어요. 그래서 저는 운동을 선택이 아닌 '필수 생존 전략'으로 삼고 꾸준히 체력을 관리합니다.

이 직업의 최고 매력은 뭔가요?

編 힘든 점도 많지만, 그래도 포기할 수 없는 이 직업만의 최고 매력은 무엇인가요?

金 가장 큰 매력은 '무(無)에서 유(有)'를 만드는 창조의 기쁨입니다. 연출가는 머릿속에만 있던 상상을 눈앞의 현실로 만들어내는 사람입니다. 보이지 않는 감정을 빛과 소리로 빚어내어 관객에게 전달하죠. 예술과 기술, 그리고 사람을 하나로 묶어 새로운 우주를 탄생시켰다는 그 짜릿한 성취감! 이건 오직 연출가만이 맛볼 수 있는 최고의 보람입니다.

또 다른 매력은 사람과 사람을 잇는 '연결의 마법'입니다. 공연이 끝난 뒤 터져 나오는 박수 소리 속에서 아티스트, 스태프, 그리고 관객이 하나가 되는 순간이 있습니다. 서로 다른 수천 명의 사람이 같은 감동으로 연결되는 그 찰나, 그 기적 같은 순간을 내가 지휘했다는 리더로서의 자부심은 말로 다 할 수 없이 벅차오릅니다.

마지막으로, '좋아하는 일로 인정받는 삶'입니다. 조금 현실적인 이야기일 수도 있겠네요. (웃음) 내가 사랑하는 문화예술 일을 하면서 나의 가치를 인정받고, 그에 합당한 경제적 보상까지 얻을 수 있다는 점입니다. 요즘 말로 '덕업일치(덕질

과 업(業)의 일치)'라고 하죠? 좋아하는 일을 하며 삶을 꾸려갈

수 있다는 것, 정말 매력적인 일 아닌가요?

∶ ⟨현역가왕⟩ 전국투어 콘서트 연출팀과 함께

공연 연출가의 연봉은 어떻게 되나요?

편 아주 현실적인 질문 하나 드릴게요. 공연 연출가의 연봉, 솔직히 어느 정도인가요?

김 공연 연출가의 수입은 '어디에 소속되어 있느냐'와 '경력이 얼마나 되느냐'에 따라 천차만별입니다. 크게 두 가지 길로 나누어 설명해 드릴게요.

먼저, 기획사나 제작사에 들어가는 '안정적인 길'이 있습니다. 이 경우 일반 회사원처럼 매달 월급을 받게 되는데요. 신입 사원은 보통 연봉 2,400만 원에서 3,000만 원 선에서 시작하며, 4대 보험이나 복지 혜택을 누릴 수 있다는 장점이 있습니다. 이후 4~5년 정도 꾸준히 경력을 쌓아 실력을 인정받으면, 연봉은 3,500만 원에서 5,000만 원 수준으로 오르게 됩니다. 안정적으로 커리어를 쌓고 싶은 분들에게 추천하는 코스죠.

반면, 프로젝트별로 계약하는 '도전적인 프리랜서의 길'도 있습니다. 흔히 말하는 '하이 리스크 하이 리턴High Risk High Return'의 세계죠. 솔직히 말씀드리면, 입문기인 견습생 시절에는 이른바 '열정페이'를 감수해야 할 수도 있습니다. 최저임금 수준의 보수를 받으며 선배들의 보조 스태프로 일해야 하니까요. 금전적으로는 춥고 배고픈 시기지만, 현장의 실전 감각을 익히는 데는 가장 빠른 지름길이기도 합니다.

하지만 이 고비를 넘기고 실력이 붙기 시작하면 몸값은 수직으로 상승합니다. 3~4년 차가 되면 공연당 150만~300만 원을, 6~7년 차 베테랑이 되면 500만 원 이상을 받게 됩니다. 나아가 자신의 이름으로 프로젝트를 수주하는 '총감독' 급이 되면, 공연 한 건당 수천만 원 규모의 계약을 맺기도 하죠. 이때 유능한 조연출 팀을 꾸려 여러 작품을 동시에 진행한다면, 수입은 그야말로 기하급수적으로 늘어나게 됩니다.

외국과 우리나라 공연 연출가는 어떻게 다른가요?

편 해외 스태프들과도 일을 많이 해보셨을 텐데, 외국과 우리나라 연출가의 차이점은 무엇인가요?

김 정답이 있는 건 아니지만, 제가 현장에서 직접 부딪치며 느낀 점을 솔직하게 말씀드릴게요. 크게 '성향'과 '환경'의 차이로 볼 수 있습니다.

제가 만난 외국의 연출가나 프로듀서들은 자기주장이 굉장히 냉철하고 단호했습니다. 자신의 일에 대한 자부심Pride이 강해서, '내 생각은 이렇다'라고 뚜렷하게 말하는 편이죠. 하지만 무조건 고집을 부리는 건 아닙니다. 상대방이 더 합리적인 논리를 제시하면 아주 쿨Cool하게 받아들입니다. 즉, '논리적인 설득'이 중요한 문화죠. 반면, 우리나라 연출가들은 상대적으로 '경청'과 '수용'에 강합니다. 내 주장만 내세우기보다 다른 스태프의 의견을 잘 듣고 조율하려는 성향이 강하죠. 이런 '유연함'은 돌발 상황이 많은 공연 현장에서 팀워크를 다지는 데 아주 큰 장점이 됩니다.

또 하나 흥미로운 점은, 공연 선진국인 미국이나 유럽은 '유니언Union, 노동조합' 문화가 아주 강력하게 자리 잡고 있다는 점입니다. 배우부터 스태프까지, 일하는 시간과 휴식 시간,

업무 범위가 법과 규정으로 칼같이 정해져 있죠. 그래서 그들은 '정해진 룰^{Rule}' 안에서 일하는 것이 습관화되어 있습니다. 한국도 최근 표준계약서 도입 등 환경이 많이 좋아지고 있지만, 아직은 시스템보다 '열정'과 '융통성'에 기대는 부분이 남아 있는 것도 사실입니다.

직업병은 어떤 건가요?

편 어떤 직업이든 직업병이 있잖아요. 연출가님도 피할 수 없는 직업병이 있나요?

김 공연 연출가의 직업병이라면, 아주 심각한 병이 두 가지나 있습니다. (웃음)

첫 번째는 '순수한 관객'으로 돌아가지 못한다는 점입니다. 집에서 TV로 가요 프로그램을 보거나, 다른 연출가의 공연을 보러 가도 그냥 마음 편하게 즐기지를 못합니다. 제 눈은 이미 '분석 모드'로 돌아가 있거든요.

'저 장면은 어떤 콘셉트로 연출했을까?', '조명은 어디서 들어왔지?'하며 머릿속으로 계속 큐시트를 그리고 있다 보니, 정작 가수의 노래는 한 소절도 제대로 못 듣고 나올 때가 많습니다. 무대를 엑스레이^{X-ray}처럼 찍어보는 '분석 강박'이 생긴 거죠.

두 번째는 일상을 큐시트처럼 짜는 '계획 중독'입니다. 공연은 1초의 실수도 용납되지 않는 시간 싸움이잖아요? 늘 초 단위로 타임테이블을 짜던 습관이 일상까지 침투했습니다. 아주 사소한 일을 할 때도 무조건 계획부터 세워야 마음이 놓입니다. 특히 가족 여행을 갈 때면 여행 지도를 펴놓고 분

단위로 동선과 일정표를 짭니다. 마치 '여행 연출안'을 만들 듯이요. 빈틈없이 완벽한 계획표가 손에 있어야 비로소 안심이 되는 병, 이거 정말 고치기 힘드네요.

스트레스는 어떻게 해소하나요?

 업무 강도가 센 만큼 스트레스도 만만치 않을 텐데요. 감독님만의 스트레스 해소법이 있나요?

 저에게는 두 가지 특효약이 있습니다. 바로 '음악'과 '여행'이에요.

음악은 저에게 '비상구'입니다. 현장에서 일이 꼬여 답답하거나 화가 치밀어 오를 때가 있죠. 그럴 땐 잠시 자리를 피해서 제가 좋아하는 음악을 듣습니다. 이어폰을 꽂고 음악에 빠져들면, 신기하게도 요동치던 마음이 마법처럼 차분해지고 다시 평정심을 찾게 되거든요. 그리고 여행, 그중에서도 '바다'는 최고의 '치유제'입니다. 시간 여유가 생기면 무조건 짐을 쌉니다. 익숙한 일상을 떠나 낯선 환경에 놓이는 것만큼 확실한 에너지 충전법은 없으니까요. 특히 저는 바다를 정말 좋아합니다. 끝없이 펼쳐진 수평선과 하얗게 부서지는 파도를 멍하니 바라보고 있으면, 지금 내가 겪는 이 힘든 일들이 거대한 자연 앞에서는 '스쳐 지나가는 아주 작은 일'이라는 걸 깨닫게 됩니다. '그래, 너무 붙잡지 말자', '털어버리고 가볍게 살자.' 파도 소리를 들으며 이렇게 마음을 다잡고 나면, 다시 현장으로 돌아갈 힘이 생깁니다.

이직률은 어떤가요?

편 일이 힘들다고 하셨는데, 도중에 그만두는 사람도 많나요? 이직률은 어떤지 궁금합니다.

김 냉정하게 말해서, 이 직업은 '적성'이 맞지 않으면 오래 버티기 힘듭니다. 상상해 보세요. 캄캄한 공연장 연출석에 앉아 마이크 하나로 수백 명의 스태프와 장비를 일사불란하게 지휘해야 합니다. 성격이 반드시 외향적일 필요는 없지만, 결정적인 순간에 머뭇거리지 않는 '적극성'과 사람들을 이끄는 '리더십'은 필수입니다. 이게 없으면 본인이 가장 괴롭거든요. 제가 오랫동안 현장을 지키며 느낀 건데요, 끝까지 남는 사람들에게는 공통점이 있습니다. 바로 몸속에 '예술가적 DNA'가 흐른다는 점이에요. 무대가 주는 그 짜릿함을 타고난 사람들이죠. 물론 현실적인 이유로 떠나는 사람도 있습니다. 특히 연출 보조 스태프(막내) 시절에는 적성에 안 맞거나, 적은 수입과 고된 노동을 견디지 못해 이직하는 경우가 종종 있습니다. 하지만 '마의 2~3년'을 잘 버텨내고 조연출로서 자리를 잡는다? 그러면 그때부터는 이 일의 마력에 빠져 평생 직업으로 삼게 되는 경우가 대부분입니다. 그만큼 한번 빠지면 헤어 나올 수 없는 매력적인 직업이라는 뜻이겠죠.

이 직업을 묘사한 작품이 있나요?

편 이 직업의 세계를 잘 보여주는 영화나 작품이 있을까요?

김 네, 기획부터 연출, 그리고 무대 뒤 사람들의 이야기까지 생생하게 담아낸 결작Masterpiece 두 편을 강력하게 추천합니다.

1) 영화 <위대한 쇼맨 The Greatest Showman >

먼저, 영화 <위대한 쇼맨The Greatest Showman>입니다. 2017년에 개봉한 이 작품은 '쇼 비즈니스'의 창시자이자 근대적 서커스의 아버지라 불리는 'P.T.바넘Phineas Taylor Barnum'의 실화를 바탕으로 한 뮤지컬 영화입니다. 가난한 재단사의 아들이었던 바넘이 기상천외한 상상력 하나로 전무후무한 쇼를 만들어가는 과정을 그리고 있죠.

그는 사회에서 소외된 사람들을 모아 '바넘 서커스'를 창립하고, 그들 각자의 숨겨진 재능을 찾아내 무대 위의 스타로 만들어줍니다. 성공 뒤에 따르는 비난과 파산의 위기 속에서도, 결국 '가장 고귀한 예술은 다른 사람을 행복하게 해주는 것이다.'라는 깨달음을 얻게 되는데요. 이 영화는 남들이 보지 못한 가치를 발굴해 빛나게 만드는 '기획과 연출의 힘', 그리고 위기를 기회로 바꾸는 리더십이 무엇인지 잘 보여줍니다. 가슴을 울리는 주제가 'This Is Me'의 감동은 덤이고요.

2) 뮤지컬 〈코러스 라인^{A Chorus Line}〉

다음으로, 전설적인 뮤지컬 〈코러스 라인^{A Chorus Line}〉을 추천합니다. 1975년 초연 이후 퓰리처상과 토니상을 휩쓴 이 명작은 화려한 주연이 아니라, 그 뒤를 받쳐주는 '코러스(앙상블)'를 뽑는 오디션 현장을 다룹니다. 줄거리는 아주 인상적이에요. 텅 빈 무대 위 하얀 선^{Line} 앞에 17명의 지원자가 섭니다. 연출가 '잭^{Zach}'은 그들에게 춤 실력뿐만 아니라 자신의 꿈과 상처, 인생 이야기를 털어놓으라고 하죠. 지원자들의 가슴 아픈 고백과 열정적인 춤이 교차하며 오디션이 진행되고, 마지막 피날레에서 합격자와 탈락자 모두가 황금빛 옷을 입고 나와 'One'을 부르며 춤추는 장면은 전율 그 자체입니다. 이 작품은 연출가가 배우를 어떻게 바라보고 선택하는지, 그 '캐스팅^{Casting}'의 과정을 적나라하게 보여줍니다. 단순히 실력만 평가하는 게 아니라 배우의 내면까지 들여다보려 노력하는 연출가의 인간적인 고뇌를 엿볼 수 있는 최고의 교과서라 할 수 있죠. 이 두 작품 외에도 무대 뒤의 삶을 다룬 이야기는 많습니다. 이런 작품들을 통해 여러분이 '화려한 조명 뒤에 숨겨진 진짜 땀방울의 가치'를 먼저 느껴보셨으면 좋겠습니다.

PERFORMANCE
DIRECTOR

공연
연출가가 되는
방법

공연 연출가가 되는 방법을 알려 주세요

 공연 연출가가 되고 싶은 친구들은 당장 무엇부터 해야 할까요? 연출가가 되는 구체적인 방법을 알려주세요.

 정해진 정답은 없습니다. 하지만 목적지에 도착하는 길은 크게 두 가지로 나뉩니다.

① 첫 번째 길: 전공학과 진학 (이론 + 실습)

가장 정석적인 방법은 대학에 개설된 관련 학과에 진학하는 것입니다. 10여 년 전만 해도 배울 곳이 마땅치 않았지만, 최근에는 이론과 실무를 체계적으로 가르치는 학과가 많이 늘어났습니다. 연극영화과, 공연연출과, 뮤지컬과, 공연예술과, 실용음악과, 문화콘텐츠학과 등 대학에서는 공연의 역사부터 조명, 음향, 무대기술까지 기초를 탄탄하게 다질 수 있다는 장점이 있습니다. 시장은 커지는데 전문 인력은 여전히 부족한 상황이라, 앞으로 관련 학과는 더 늘어날 것으로 보입니다.

② 두 번째 길: 현장 실무 진출 (실전 + 경험)

비전공자라고 해서 꿈을 포기할 필요는 없습니다. '맨땅에 헤딩'하듯 현장으로 바로 뛰어드는 방법도 있거든요. 첫 번째는 단기 과정의 전문 아카데미에서 기획·연출 기초를 빠르게 배우고 진출하는 방법이 있고, 두 번째는 공연 제작사나 기획사에 막내 스태프로 들어가, 현장의 땀 냄새를 맡으며 배우는 방법입니다. [스태프 → 조연출 → 연출가]로 이어지는 단계별 성장 과정을 밟게 되죠. 어떤 길을 선택하든 변하지 않는 진리가 하나 있습니다. '공연은 책상이 아니라 무대 위에서 완성된다'는 사실입니다. 학교에서 배우든 현장에서 구르든, 결국 풍부한 현장 경험만이 여러분을 유능한 연출가로 만들어 줄 것입니다.

감독님께서 선택한 방법은요?

감독님께서 선택한 방법은요?

편 감독님께서 선택한 방법은 어떤 것이었나요?

김 저 역시 연출 전공으로 4년제 대학을 나온 '엘리트 코스'와는 거리가 멀었습니다. 전문대를 졸업하고 군대를 다녀온 뒤, 무작정 공연장에 입사해 '막내 스태프'로 일을 시작했죠. 그때는 그저 무대 뒤에서 땀 흘리는 것만으로도 마냥 행복했습니다. 그렇게 10년 동안 현장 바닥을 구르며 실력을 인정받아 무대감독이 되었고, 다시 10년이 더 지나서야 대학에 편입해 공부를 다시 시작했습니다. 현장을 다 알고 나니, 머릿속에 흩어져 있던 경험들을 이론으로 정리하고 싶다는 욕심이 뒤늦게 생기더군요. 저는 남들보다 조금 늦게 펜을 잡았지만, 오히려 현장 경험 덕분에 공부가 훨씬 재미있었습니다. 결국 공연 연출가의 길에는 정해진 공식이 없습니다. 학교에서 먼저 배우고 현장으로 나올 수도 있고, 저처럼 현장에서 몸으로 부딪치며 배운 뒤에 이론을 채울 수도 있습니다. 중요한 건 졸업장이 아니라, 무대를 사랑하는 마음과 멈추지 않고 성장하려는 태도입니다.

청소년기에 어떤 경험과 노력을 해야 하나요?

편 꿈을 위해 지금 당장 시작할 수 있는 일은 무엇일까요? 청소년기에 꼭 해야 할 경험이 있다면 추천해 주세요.

김 청소년기는 내 안의 감성과 예술성이 폭발하는 인생의 '골든타임Golden Time'입니다. 이 소중한 시기를 놓치지 않으려면 두 가지를 꼭 실천해 보셨으면 해요. 가장 먼저 권하고 싶은 것은 공연을 '편식'하지 말고 많이 보라는 것입니다. 공연은 머릿속 상상을 현실로 만드는 작업인데, 그러려면 내 머릿속에 쓸 만한 재료가 가득 차 있어야 하거든요. 그러니 평소 내가 좋아하는 장르만 고집하지 말고 콘서트, 뮤지컬, 연극, 클래식, 국악 등 장르를 가리지 말고 다양하게 경험해 보세요. 전혀 내 취향이 아니라고 생각했던 낯선 공연에서 의외로 엄청난 영감을 받을 수도 있습니다. 이렇게 보는 눈을 넓히는 것이야말로 연출가가 되기 위한 첫걸음입니다. 또한, 학교 안팎에서 친구들과 직접 해보는 경험도 중요합니다. 학교 축제나 동아리 활동 등을 통해 관객석이 아닌 무대 위나 뒤에서 친구들과 무언가를 직접 만들어보세요. 직접 부딪쳐봐야 비로소 '아, 나는 무대 위보다 뒤에서 지휘하는 게 더 잘 맞네?' 혹은 '여러 사람의 의견을 조율하는 게 생각보다 어렵

구나.’ 하고 뼈저리게 느낄 수 있거든요. 이런 과정을 통해 자
신의 진짜 적성을 발견하고 협업의 중요성을 배우게 될 겁니
다.

기억하세요. 공연 연출가는 기획부터 예술, 기술까지 모든
영역을 아우르는 ‘만능 엔터테이너’여야 합니다. 지금부터 호
기심을 가지고 다양한 활동에 참여하며 경험의 영토를 넓혀
두세요. 그 모든 시간이 훗날 여러분의 가장 강력한 무기가
되어줄 것입니다.

학창시절에 잘해야 하는 과목이나 분야가 있나요?

 학교 다닐 때 특별히 잘해야 하는 과목이나 분야가 있을까요?

 성적표의 점수보다 더 중요한 '세 가지 기초 체력'이 있습니다. 연출가를 꿈꾼다면 이 세 가지는 꼭 챙겨두세요.

첫째, '인문학적 소양'을 기르세요. (문학과 예술)

공연은 결국 사람의 이야기를 다루는 예술입니다. 문학책을 읽으며 상상력을 키우고, 미술이나 연극을 보며 예술적 감수성을 채우세요. 꼭 전공하지 않더라도, 학창 시절에 쌓은 인문학적 소양은 나중에 창작의 마르지 않는 샘물이 됩니다.

둘째, '글로벌 소통 능력'을 키우세요. (영어와 인터넷)

여러분이 프로가 되어 활동할 때는 국경이 없는 시대일 겁니다. 전 세계 스태프와 일하기 위해 영어는 필수 생존 도구입니다. 시험 점수보다 '말이 통하는 영어'를 하세요. 또한 방대한 정보를 내 것으로 만드는 디지털 활용 능력도 필수입니다.

셋째, '악기' 하나쯤은 다룰 줄 아세요. (음악적 감각)

이것은 강력히 추천하는 팁입니다. 공연의 바탕에는 언제나 음악이 흐르거든요. 악기를 하나라도 다룰 줄 알면 음악을 분석하는 귀가 트이고, 나중에 가수나 연주자와 대화할 때 훨씬 깊이 있는 소통이 가능해집니다. 즉, 인문학으로 속을 채우고, 영어로 날개를 달고, 음악으로 감각을 깨우세요. 이 세 가지가 학창 시절 여러분이 준비해야 할 진짜 '스펙'입니다.

유리한 전공 또는 자격증이 있을까요?

 미리 준비해 두면 유리한 전공이나 자격증이 있을까요?

 먼저 유리한 전공은 크게 세 가지 길로 나눌 수 있습니다. 가장 정석적인 길은 역시 '연극·공연예술 계열'입니다. 연극학과나 공연연출과, 뮤지컬과에 진학하면 희곡 분석부터 실제 연출 실습, 무대 기술까지 기초를 가장 체계적으로 배울 수 있거든요. 하지만 꼭 연출 전공만 고집할 필요는 없습니다. 요즘 공연은 영상 활용이 필수인 만큼, '영화·영상 계열'에서 시각적인 스토리텔링과 영상 감각을 익혀두는 것도 '멀티미디어 공연 연출'을 하는 데 아주 강력한 무기가 됩니다. 또한 음악극 연출을 꿈꾼다면 '음악·무용 전공'이 유리합니다. 음악의 흐름을 읽는 남다른 감각을 갖출 수 있기 때문입니다.

다음으로 자격증 이야기를 해볼까요? 솔직히 말해 연출가에게 운전면허처럼 꼭 있어야 하는 필수 자격증은 없습니다. 하지만 취업의 문을 활짝 열어주는 '마스터키'는 분명 존재합니다. 바로 문화체육관광부가 인증하는 '무대예술전문인 자격증'입니다. 무대 기계, 조명, 음향 세 분야로 나뉘는 이 자격증이 왜 중요하냐면, 일정 규모 이상의 국·공립 공연장은 법적으로 이 자격증 소지자를 의무 채용해야 하기 때문입니다.
즉, 이 자격증이 있으면 취업 프리패스권을 쥔 셈이나 다름없
죠. 이 밖에도 학교나 문화센터에서 교육자로 활동할 수 있
는 '문화예술교육사' 자격증도 진로의 폭을 넓히는 데 큰 도
움이 됩니다.

현장 경험은 어떻게 쌓아야 하나요?

 이론도 중요하지만 결국은 현장이잖아요. 청소년들이 현장 경험을 쌓을 수 있는 구체적인 방법이 있을까요?

 이론도 중요하지만, 결국 현장에서 통하는 '무대 경험'을 키우는 게 핵심입니다. 이를 위해 제가 추천하는 '3단계 레벨 업' 과정이 있습니다.

첫 번째 단계는 바로 '분석적 관객'이 되는 것입니다. 공연을 많이 보되, 단순히 관객으로서 즐기는 것을 넘어 매의 눈으로 무대를 뜯어봐야 합니다. '저 조명은 왜 저 타이밍에 켜졌을까?', '암전이 될 때 스태프들은 뒤에서 어떻게 움직일까?' 이렇게 무대 뒤의 메커니즘을 끊임없이 상상하며 관람해 보세요. 그것만으로도 엄청난 공부가 됩니다.

눈으로 충분히 익혔다면, 두 번째는 직접 손을 써볼 차례입니다. 거창할 필요 없어요. 학교 축제나 동아리 활동을 통해 '작은 무대'를 직접 만들어보는 겁니다. 규모는 작아도 그 안에는 기획, 연출, 제작의 원리가 다 숨어 있거든요. 친구들과 땀 흘리며 무대 뒤Backstage를 경험해 보는 것, 바로 거기가 진짜 배움이 시작되는 지점입니다.

마지막 단계는 기회가 된다면 '프로의 현장'을 직접 엿보는

것입니다. 실제 공연장에서는 무대 셋업 보조나 진행 요원 같
은 아르바이트 인력을 늘 필요로 합니다. 비록 막내로서 짐
을 나르고 청소하는 단순한 일일지라도, 프로들이 일하는 치
열한 현장의 공기를 직접 마셔보는 것만으로 여러분이 공연
을 바라보는 시야는 확연히 달라질 것입니다.

채용은 어떻게 이루어지나요?

공연연출가

편 채용은 어떻게 이루어지는지 궁금합니다.

김 공연 연출가의 취업 문은 크게 두 가지 방향으로 활짝 열려 있습니다. 본인이 현장에서 직접 발로 뛰고 싶은지, 아니면 안정적인 곳에서 기획과 관리를 하고 싶은지에 따라 지원할 곳이 달라지죠.

먼저, 현장감을 중시하는 '민간 기획사나 제작사'로 가는 길이 있습니다. 가장 일반적인 경로인데요. 공연 제작사, 연예 기획사, 페스티벌 운영사 등이 여기에 속합니다. 보통 잡코리아나 사람인 같은 취업 포털 사이트, 또는 예술경영지원센터 같은 전문 사이트를 통해 채용 공고를 확인합니다. 신입이라면 이력서와 자기소개서가 기본이지만, 경력직을 노린다면 내가 만든 공연 영상을 편집한 '포트폴리오 Portfolio'가 합격의 열쇠가 됩니다. 이곳은 정규직뿐만 아니라 프로젝트 단위로 움직이는 '계약직'이나 '프리랜서' 채용도 매우 활발하다는 특징이 있습니다.

반면, 좀 더 행정적이고 안정적인 업무를 선호한다면 '공공기관이나 문화재단'의 문을 두드려보세요. 예술의전당이나 지자체 문화재단 같은 곳인데, 직접 연출보다는 공연장의 운영과 감독 업무를 주로 맡습니다. 이곳은 채용 절차가 조금 더 까다롭습니다. 각 기관 홈페이지나 '나라일터'에 공고가 나면 서류와 면접은 물론, 때로는 필기시험NCS, National Competency Standards 국가직무능력표준을 보기도 하거든요. 특히 여기서는 앞서 강조했던 '무대예술전문인 자격증'이 거의 필수거나 아주 강력한 무기가 됩니다.

어떤 사람이 이 직업에 잘 맞을까요?

공연연출가

 어떤 성향을 가진 사람이 이 직업에 딱 맞을까요?

 공연을 단순히 '좋아하는 마음'만으로는 부족합니다. 그건 취미의 영역에 머무를 수 있거든요. 직업으로서 연출가가 되려면 세 가지의 '특별한 능력'이 필요합니다.

가장 먼저 필요한 건 '예술가적 상상력'입니다. 텅 빈 무대를 캔버스 삼아 그림을 그릴 줄 알아야 하니까요. 조명은 어떻게 비출지, 음악은 언제 터트릴지 머릿속으로 생생하게 그려내는 풍부한 감수성이 기본이 되어야 합니다.

그다음은 바로 '리더십'입니다. 연출가는 혼자 예술을 하는 사람이 아닙니다. 수많은 스태프와 때로는 까다로운 아티스트들을 이끌고 가야 하죠. 그렇기에 사람들과 끊임없이 대화하고, 의견을 조율하는 탁월한 소통 능력이 필수적입니다.

마지막으로 어쩌면 가장 중요할 수도 있는 '인내심'이 필요합니다. 공연이라는 게 막이 오르기 1초 전까지도 수정에 수정을 거듭하는 작업이거든요. 현장이 아무리 급박하게 돌아가도, 흔들리지 않고 중심을 잡는 '평정심'이 있어야만 성공적인 공연을 만들어낼 수 있습니다.

이 일이 맞지 않는 사람은 누굴까요?

 이 일이 맞지 않는 사람은 누굴까요?

 가장 기본적으로는 '예술적 호기심'이 없는 사람입니다. 공연 연출가는 예술을 하는 직업이잖아요? 문화적 감수성이나 호기심이 부족하다면, 시작부터 맞지 않는 옷을 입은 셈입니다. 하지만 더 중요한 건 '태도'와 '성향'입니다. 제가 앞서 소통과 문제 해결 능력을 강조했었죠? 이를 뒤집어 보면 절대 하지 말아야 할 5가지 유형이 나옵니다.

첫째, 남과 함께 일하는 협업을 힘들어하는 독불장군형

둘째, 현장의 스트레스를 못견디고 무너지는 유리 멘탈형

셋째, 꼼꼼한 계획과 실행이 안 되는 즉흥형

넷째, 입을 닫고 귀를 막는 소통 소극형

다섯째, 문제가 생겼을 때 책임을 피하고 숨으려는 회피형

만약 본인이 이 5가지에 해당한다면, 반대로 생각해 볼 수도 있어요. 여러분이 예술을 사랑하는 마음이 가득하다면, 방금 말한 이 나쁜 습관들만 피하고 고쳐나가면 됩니다.

그 '부적합한 성향'을 극복하고 철저히 자기 관리를 해낸다면, 여러분은 누구보다 훌륭한 글로벌 공연 연출가로 성장할 자격이 충분합니다.

PERFORMANCE
DIRECTOR

공연
연출가가
되면

조연출로 인정받으면 연출가가 되는 건가요?

편 조연출로 인정받으면 연출가가 되는 건가요?

김 조연출로 인정받았다고 해서 어느 날 갑자기 연출가가 되는 것은 아닙니다. 엄밀히 말해 두 직책은 업무의 영역과 책임의 무게가 완전히 다르거든요.

조연출은 연출가를 보조하며 '배우는 과정'에 있는 사람입니다. 이 시기에는 현장의 다양한 구성 요소를 익히고, 각 분야 전문가들과 소통하는 법을 배우며 공연 전체를 바라보는 '시야'를 넓히는 데 집중합니다. 앞서 말했듯, 연출은 어느 한 부분만 알아서는 절대 할 수 없기 때문에 이 배움의 시간은 필수적입니다.

그렇다면 '조연출로 인정받았다'라는 건 무슨 뜻일까요? 바로 '기본기는 마스터했다'라는 의미입니다. 공연에 필요한 지식과 경험이 충분히 쌓였으니, 이제 실전 무대에 도전할 자격이 생겼다는 신호죠.

이때부터는 변화가 시작됩니다. 예전에는 시키는 일만 했다면, 이제는 조명이나 음향 같은 하드웨어 팀을 직접 섭외하고 협의하는 '작은 결정권'을 갖게 됩니다. 더 나아가 규모가 작은 공연의 메인 연출을 맡아볼 기회가 주어지기도 하죠.

　　결국 '조연출로서 인정받는다'라는 것은 곧 연출가라는 최종 목적지로 가는 '마지막 관문'을 통과했고, 이제 나만의 항해를 시작할 준비가 되었다는 뜻깊은 의미랍니다.

숙련되기까지 얼마나 걸려요?

 숙련되기까지 얼마나 걸려요?

 개인마다 차이는 있겠지만, 온전히 자신의 예술적 의지를 담아 작품 하나를 완성하는 '진짜 연출가'가 되려면 최소 7~8년의 숙성 기간이 필요하다고 봅니다. 왜 그렇게 오래 걸리냐고요? 공연의 호흡이 길기 때문입니다. 대중음악 콘서트 하나를 준비하는 데만 보통 6개월이 걸리고, 뮤지컬이나 연극 같은 장르는 길게는 1~2년씩 걸리기도 하거든요. 그러니 1년에 경험할 수 있는 작품 수가 한정적일 수밖에 없죠.

중요한 건 단순히 '버틴 시간'이 아니라 경험의 '밀도'입니다. 어떤 공연에 참여했는지, 얼마나 치열하게 현장을 누볐는지가 관건이죠. 보통의 성장 코스를 보면, 처음 입문해서 2~3년은 '막내 스태프'로서 현장의 기초 지식을 스펀지처럼 흡수하는 시기입니다. 그 후 '조연출'로서 4~5년 정도 제작과 운영의 핵심 노하우를 축적해야 합니다. 이 인고의 시간을 거치고 나서야 비로소 '메인 연출가'라는 타이틀을 달고, 내 이름으로 된 무대를 지휘할 기회가 주어지게 됩니다.

어떤 방식으로 자기 훈련을 하면 되나요?

편 학원이나 학교 말고, 혼자서 실력을 키울 수 있는 훈련법이 있나요?

김 돈 안 드는 최고의 훈련법 세 가지를 알려드릴게요.

첫째, 무조건 '현장'으로 달려가세요. 초기에는 장르를 가리지 말고 닥치는 대로 보는 게 정답입니다. 단, 편하다고 유튜브 영상으로 때우지 말고 꼭 직접 '공연장'에 가셔야 합니다. 현장의 공기, 냄새, 그리고 바닥을 울리는 진동은 영상이 절대 담아내지 못하거든요. 만약 기회가 된다면 '백스테이지 투어Backstage Tour'도 강력하게 추천합니다. 화려한 무대 뒤, 스태프들의 숨은 땀방울을 목격하는 순간 여러분이 공연을 바라보는 눈은 완전히 달라질 겁니다.

둘째, 디지털 도구를 나만의 '무기'로 삼으세요. 현장에서 흥미를 느꼈다면 이제 '검색왕'이 될 차례입니다. 유튜브, SNS, OTT, 그리고 챗GPT ChatGPT까지 세상에 널린 게 자료잖아요. '요즘 브로드웨이 트렌드는 뭐지?', '이 무대 기술의 원리는 뭘까?' 하고 궁금한 게 생길 때마다 즉시 찾아보세요. 의지만 있다면 방구석에서도 전 세계의 최신 연출 기법을 배울 수 있는 좋은 세상이니까요.

셋째, 책을 통해 '지식의 뼈대'를 단단히 세우세요. 인터넷 정보는 빠르지만 깊이가 얕거나 가벼울 수 있습니다. 이때 필요한 게 바로 전문 서적입니다. 책을 읽으며 흩어져 있던 지식들을 체계적으로 정리해야만, 쏟아지는 신기술에 휘둘리지 않고 온전히 내 것으로 만들 수 있습니다.

결론적으로 최고의 교과서는 '현장'이고, 최고의 스승은 '사람'입니다. 많이 보고, 많이 읽고, 전문가들의 이야기를 귀 담아듣는 것. 이것이야말로 가장 확실하고 빠른 훈련법이라고 확신합니다.

평가는 어떻게 받나요?

편 공연 연출가는 어떤 방식으로 평가를 받나요?

김 공연계의 성적표는 직급과 역할에 따라 받는 방식이 완전히 다릅니다. 먼저, 조연출^{Assistant Director}은 '내부 평가'가 핵심입니다. 보통 기획사나 제작사에 소속되어 일하기 때문에 회사의 기준이 중요하죠. '연출가의 의도를 정확히 파악했는가?', '스태프와 아티스트 사이에서 소통의 다리 역할을 잘했는가?', '현장 스케줄을 펑크 없이 관리했는가?' 등 조연출은 나만의 예술성보다는 팀을 얼마나 안정적으로 운영했느냐, 그 '실행력'과 '협업 능력'으로 점수가 매겨집니다.

반면, 메인 연출가^{Director}가 되면 '외부 평가', 즉 '관객의 반응'이 절대적인 성적표가 됩니다. 예술에는 정답이 없어서 객관적인 점수를 매길 수는 없어요. 하지만 무대 위 공연은 라이브^{Live}잖아요? 공연이 끝나는 순간 터져 나오는 박수 소리, 관객들의 표정, 그리고 '이 공연 또 보고 싶다.'라는 후기가 바로 저의 점수입니다. 관객의 마음을 움직여서 공연을 '롱런^{Long-run}'하게 만드는 것, 그것이 최고의 성적표죠.

물론 '평론가와 언론'의 평가도 무시할 수 없습니다. 전문가들의 날카로운 분석은 공연의 흥행 판도를 뒤바꿀 만큼 영향력이 크거든요. 하지만 예술은 결국 주관적인 것이기에, 저는 다수의 관객이 보여주는 공감과 감동이야말로 연출가가 받아야 할 가장 정직하고 중요한 평가라고 생각합니다.

근무 시간이나 복지 제도는 어떤가요?

편 직업을 고를 때 워라밸Work-life balance도 중요하잖아요. 근무 시간이나 복지 제도는 어떤 편인가요?

김 공연 연출가의 시계는 일반 회사원과는 조금 다르게 돌아갑니다. 칼같이 출퇴근하는 '9 to 6' 생활을 꿈꾼다면 이 직업은 맞지 않을 수 있어요.

먼저 근무 시간은 '고무줄'처럼 아주 탄력적입니다. 공연을 제작하는 시즌에는 눈코 뜰 새 없이 바빠서 야근이나 주말 근무를 밥 먹듯이 해야 합니다. 남들이 쉴 때 우리는 무대를 지켜야 하니까요. 하지만 반대로 공연이 끝나거나 비수기일 때는 평일에도 여유롭게 여행을 떠나거나 자기 계발을 할 수 있는 자유가 주어집니다. '짧고 굵게 일하고, 길게 쉬는' 구조라고 볼 수 있죠.

복지 제도는 예전보다 훨씬 좋아지고 있습니다. 처음 입사하게 될 기획사나 제작사들은 대부분 4대 보험이나 각종 수당 같은 법적 보장을 기본으로 갖추고 있습니다. 여기에 공연계만의 특별한 복지가 하나 더 있는데요. 바로 '해외 연수'와 '워크숍'입니다. 트렌드에 민감해야 하는 직업이다 보니, 박람회 참관을 위해 해외로 연수를 보내주거나 전 직원이 함께 해외로 워크숍을 떠나는 회사가 늘고 있습니다. 일하면서 세상 구경도 하고 견문도 넓히는 셈이죠. 경력이 쌓이면 시간의 주인은 '나' 자신이 됩니다. 나중에 독립해서 프로젝트 단위로 계약하는 총연출이 되면, 출퇴근 시간의 구애를 받지 않고 스스로 스케줄을 주도적으로 짤 수 있게 됩니다. 즉, 실력이 쌓일수록 시간적 자유도 함께 늘어나는 매력적인 직업입니다.

정년은 어떻게 되나요?

 직장인들은 퇴직 걱정을 많이 하잖아요. 공연 연출가의 정년은 언제인가요?

 예술가에게 정년은 없습니다. 연출가 역시 조명과 음향으로 그림을 그리는 예술가이기에, 본인이 원한다면 숨이 멎는 그 순간까지 현역으로 남을 수 있습니다. 물론 국·공립 단체나 기획사에 소속되어 있다면 행정적인 정년퇴직은 있겠죠. 하지만 그건 '직장'을 나오는 것일 뿐, '무대'를 떠나는 것은 아닙니다. 오히려 회사라는 울타리를 나온 뒤부터 제2의 전성기를 맞는 분들이 훨씬 많습니다. 연출가의 전성기는 언제일까요? 놀랍게도 60대에서 70대입니다. 우리에게 이름만 대면 알 만한 세계적인 거장들을 보세요. 머리가 희끗희끗해질수록 그동안 쌓인 수만 가지의 경험(경륜)이 빛을 발하며, 누구도 흉내 낼 수 없는 깊이 있는 작품을 만들어냅니다. 남들이 은퇴를 걱정하고 직장에서 물러날 때, 공연 연출가는 비로소 '최고의 마에스트로^{Maestro, 거장}' 대우를 받으며 가장 화려하게 빛나게 됩니다. '평생 현역'으로 살 수 있다는 것, 이것이야말로 이 직업이 가진 최고의 축복 아닐까요?

이 직업은 앞으로 어떻게 변화할까요?

편 마지막으로 가장 중요한 질문입니다. 이 직업의 미래 전 망, 어떻게 보시나요?

김 한마디로 '매우 맑음'입니다. 아니, 지금보다 판이 훨씬 더 커질 것이라고 확신합니다.

그 이유는 첫째, 우리에게 'K-컬처'라는 거대한 날개가 달 렸기 때문입니다. 2025년 기준 1인당 GDP 약 3만 5천 달러 (IMF 통계)를를 넘어선 대한민국은 이제 명실상부한 문화 강국 입니다. K-pop, K-드라마, K-영화가 전 세계를 휩쓸면서, 그 콘텐츠를 만든 '한국의 연출력'에 대한 세계의 관심도 폭발 적으로 늘어났죠. 이제 우리의 무대는 좁은 대한민국을 넘어 전 세계로 확장되고 있습니다. 제가 앞서 왜 그토록 영어 공 부를 강조했는지, 이제 이해가 되시죠?

둘째, '최첨단 기술'과 만나 끊임없이 진화하고 있기 때문입 니다. 세계 최고 수준인 한국의 IT 기술이 공연 예술과 만나 고 있습니다. 홀로그램, VR^{Virtual Reality, 가상현실}, 메타버스 등이 무대 위로 올라오면서, 예전에는 상상조차 못 했던 새롭고 놀 라운 형태의 공연들이 쏟아져 나오고 있거든요. 결론적으로 공연 산업은 앞으로 더 거대해지고, 더 다채로워질 것입니다.

무대 위에서 꿈을 펼치고 싶은 여러분에게, 지금 이보다 더 가슴 뛰는 기회는 없다고 자신 있게 말씀드립니다. 망설이지 말고 도전하세요!

PERFORMANCE
DIRECTOR

공연
연출가의
클라우드

Case 01

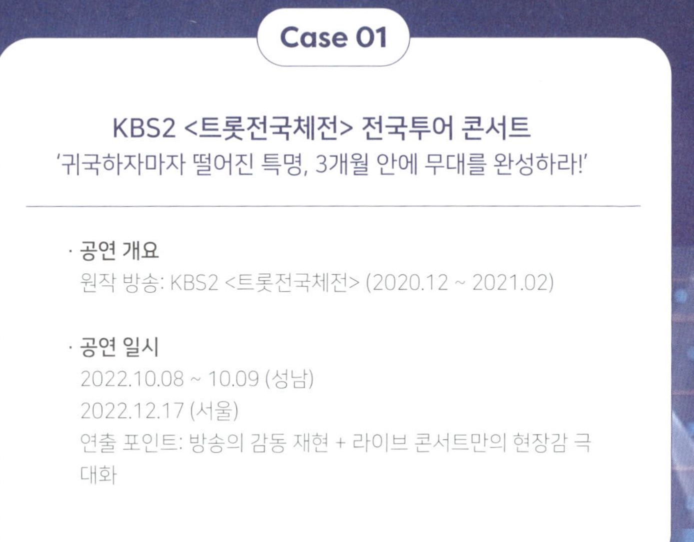

KBS2 <트롯전국체전> 전국투어 콘서트
'귀국하자마자 떨어진 특명, 3개월 안에 무대를 완성하라!'

· 공연 개요
원작 방송: KBS2 <트롯전국체전> (2020.12 ~ 2021.02)

· 공연 일시
2022.10.08 ~ 10.09 (성남)
2022.12.17 (서울)
연출 포인트: 방송의 감동 재현 + 라이브 콘서트만의 현장감 극대화

2020년 겨울을 뜨겁게 달궜던 KBS2 〈트롯전국체전〉을 기억하시나요? 전국 팔도의 숨은 실력자들이 모여 '글로벌 K-트로트'의 새로운 주역을 뽑는 초대형 오디션 프로그램이었죠. 치열한 경연 끝에 진해성, 재하, 오유진, 신승태, 김용빈, 상호&상민, 최향 등 걸출한 TOP 7 스타들이 탄생했습니다.

방송은 대성공이었지만, 콘서트는 '코로나19'라는 거대한 벽에 부딪혔습니다. 팬데믹으로 인해 기약 없이 미뤄지던 공연은 2022년 하반기가 되어서야 겨우 문을 열 수 있었죠. 그마저도 일정이 늦어져 10월 성남, 12월 서울 공연으로 짧게 마무리해야 했습니다.

저에게 이 프로젝트는 운명처럼 다가온 복귀작이었습니다. 중국에서 2년 6개월간의 활동을 마치고 2022년 7월에 귀국했는데, 한국 땅을 밟자마자 이 투어의 '총연출'이라는 막중한 임무를 맡게 된 것입니다.

주어진 시간은 단 3개월. 그야말로 '시간과의 싸움'이었습니다. 방송 다시 보기를 통해 가수들의 캐릭터를 처음부터 분석하고, 무대 콘셉트를 잡고, 곡 순서(Set-list)를 짜고, 최고의 제작팀Production team을 꾸리는 과정까지... 정말 매일 밤을 새우다시피 하며 미친 듯이 달렸던, 치열하고도 뜨거웠던 가을이었습니다.

Director's Gallery

❶ <트롯전국체전> 투어 콘서트 포스터 (서울 공연): 치열했던 준비 끝에 세상에 나온 공식 포스터입니다.
❷ 무대 셋업(Set-up) 현장: 화려한 조명 뒤에는 수많은 스태프의 땀방울이 있습니다.
❸ 스튜디오 합주 리허설: 완벽한 사운드를 위해 밴드와 가수들이 호흡을 맞추는 시간.
❹ 콘솔 부스에서 공연 직전 큐(Cue) 사인을 기다리는 긴장된 순간, 연출석에서 바라본 무대.
❺ 마지막 공연 후 무대 기념촬영: "수고하셨습니다!" 모든 일정을 무사히 마치고 웃으며 남긴 한 컷.
   (제작사 쇼당ENT 제공)

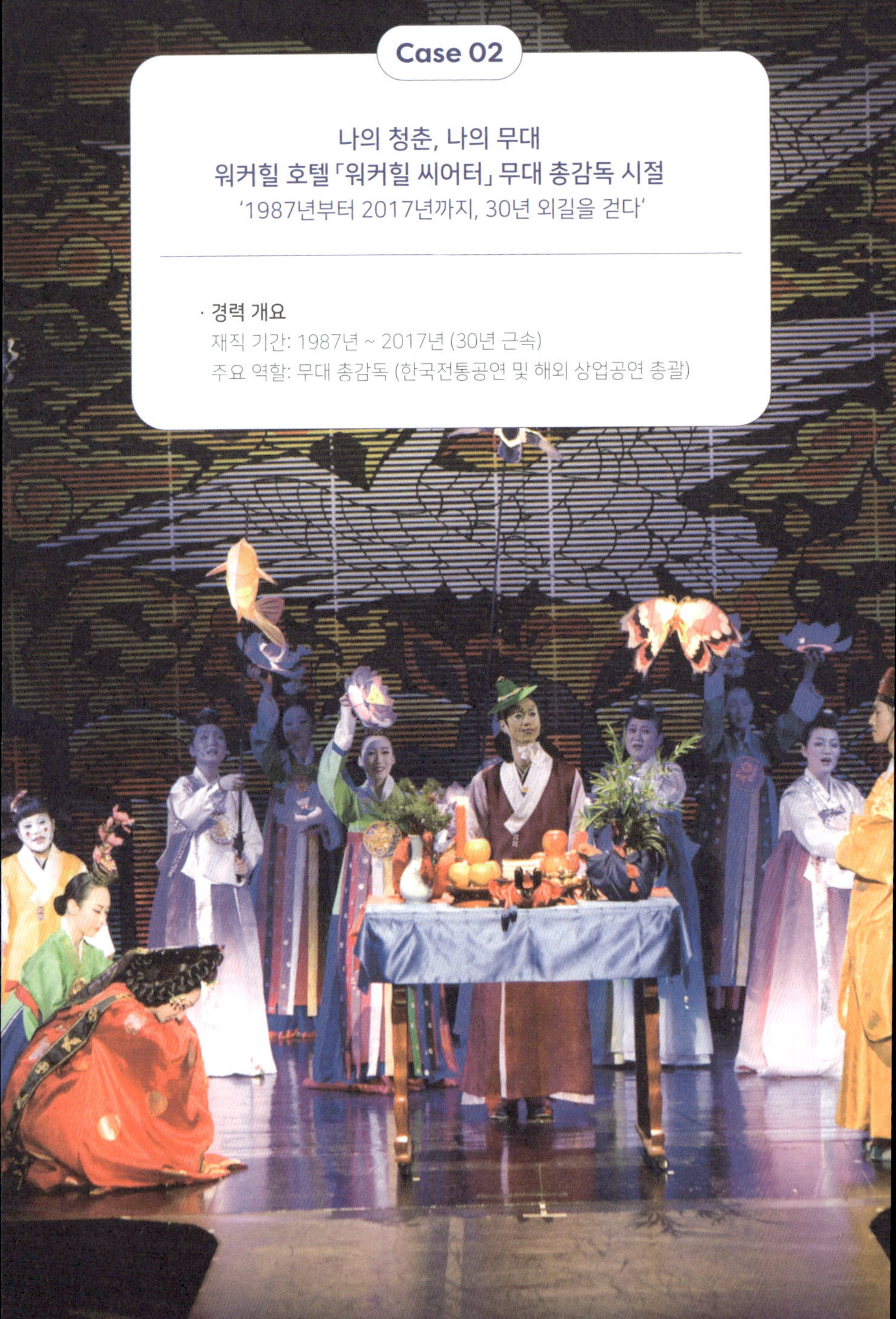

Case 02

나의 청춘, 나의 무대
워커힐 호텔 「워커힐 씨어터」 무대 총감독 시절
'1987년부터 2017년까지, 30년 외길을 걷다'

· 경력 개요
재직 기간: 1987년 ~ 2017년 (30년 근속)
주요 역할: 무대 총감독 (한국전통공연 및 해외 상업공연 총괄)

지금의 '빛의 씨어터'로 바뀌기 전, 워커힐 씨어터Walkerhill Theater는 명실상부한 아시아 상업 공연의 메카였습니다. 저는 이곳에서 1987년 입사해 2017년 퇴임할 때까지 무려 30년 동안 무대 총감독으로 일하며 제 젊음을 불태웠습니다.

이곳은 저에게 두 가지 큰 의미가 있는 공간입니다.

첫째, '한국의 미(美)'를 현대화한 실험실이었습니다. 1963년 호텔 개관과 함께 시작된 한국전통예술 상설 무대를 총괄하며, 우리의 소리와 춤을 전 세계인이 공감할 수 있는 현대적인 무대 언어로 재해석하는 작업에 몰두했습니다.

둘째, '세계와 만나는' 창구였습니다. '워커힐 쇼Walkerhill Show'는 당시 공연계의 상징적인 브랜드였죠. 전 세계 프로덕션의 제안을 받아 우리 극장에 맞게 재창작하는 과정은 매번 새로운 도전이었습니다. 핵심 스태프와 출연진이 대부분 외국인이었기에, 1년 365일이 작은 지구촌과도 같았습니다. 러시아, 영국, 스페인 등 다양한 국가의 예술가들과 협업하며 선진 공연 시스템을 현장에서 익혔고, 그때 맺은 인연은 지금까지도 소중한 자산으로 남아있습니다. 워커힐에서의 30년은 저를 '글로벌 감각을 갖춘 연출가'로 성장시킨 최고의 학교였습니다.

전설의 무대들을 기억하며
한국의 얼을 담다 Original Korean Production

❶ '꽃의 전설' 프로그램북: 당시 공연의 주제 의식과 무대 콘셉트를 한눈에 보여주는 기록물.
❷ 한국전통공연 '동방의 빛' 브로슈어: 전통무용과 현대무용의 파격적인 결합을 시도했던 또 하나의 역작.

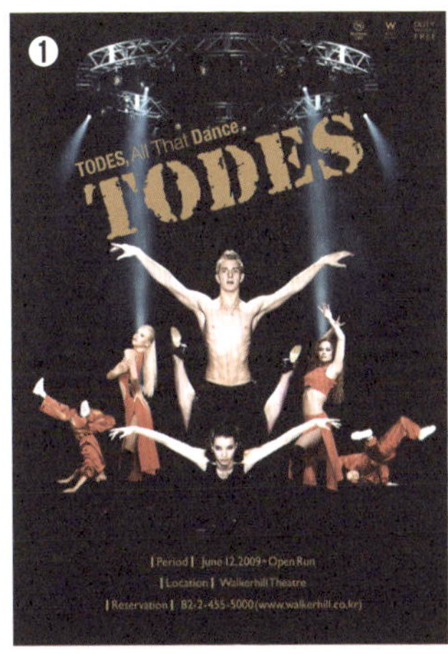

❶, ❷ 러시아 프로덕션 'TODES': 고난도의 테크니컬 댄스와 드라마틱한 조명 연출로 관객을 압도했던 작품.

❸ 영국 프로덕션 'SUBWAY': 런던의 지하철(Underground)을 모티브로 힙합과 스트리트 댄스를 결합한 뮤지컬 형식의 퍼포먼스.

❹ 'GYPSY MOON': 정열적인 스페인 집시 음악과 춤을 현대적으로 재구성한 다국적 프로젝트.

인생을 예술로 일상을 콘서트로 만드는
공연연출가

무대 뒤의 사람들
Behind The Scenes

❶ 집무실 포스터 앞에서: 수많은 공연 포스터로 도배된 사무실에서 치열했던 30년의 흔적과 함께.

❷, ❸ 글로벌 파트너십 해외 프로덕션 컴퍼니 매니저와의 한 컷: 협업의 핵심은 결국 '사람'이었습니다.

❹ '꽃의 전설' 피날레 마지막 공연 후 단원들과 함께: 박수 소리가 잦아든 무대 위에서 나눈 뜨거운 안녕.

인생을 예술로 일상을 콘서트로 만드는
공연연출가

Case 03

숲속의 낭만과 치열한 백스테이지:
2024 그린 캠프 페스티벌 (Green Camp Festival)

'음악과 자연, 그리고 20분의 전쟁'

· **공연 개요**

행사명: 2024 그린 캠프 페스티벌

콘셉트: 캠핑 + 뮤직 페스티벌 (1박 2일)

라인업: 신승훈, NELL, 옥상달빛, 데이브레이크 등 총 14팀

연출 포인트: 자연과 어우러지는 릴레이 밴드 라이브 쇼

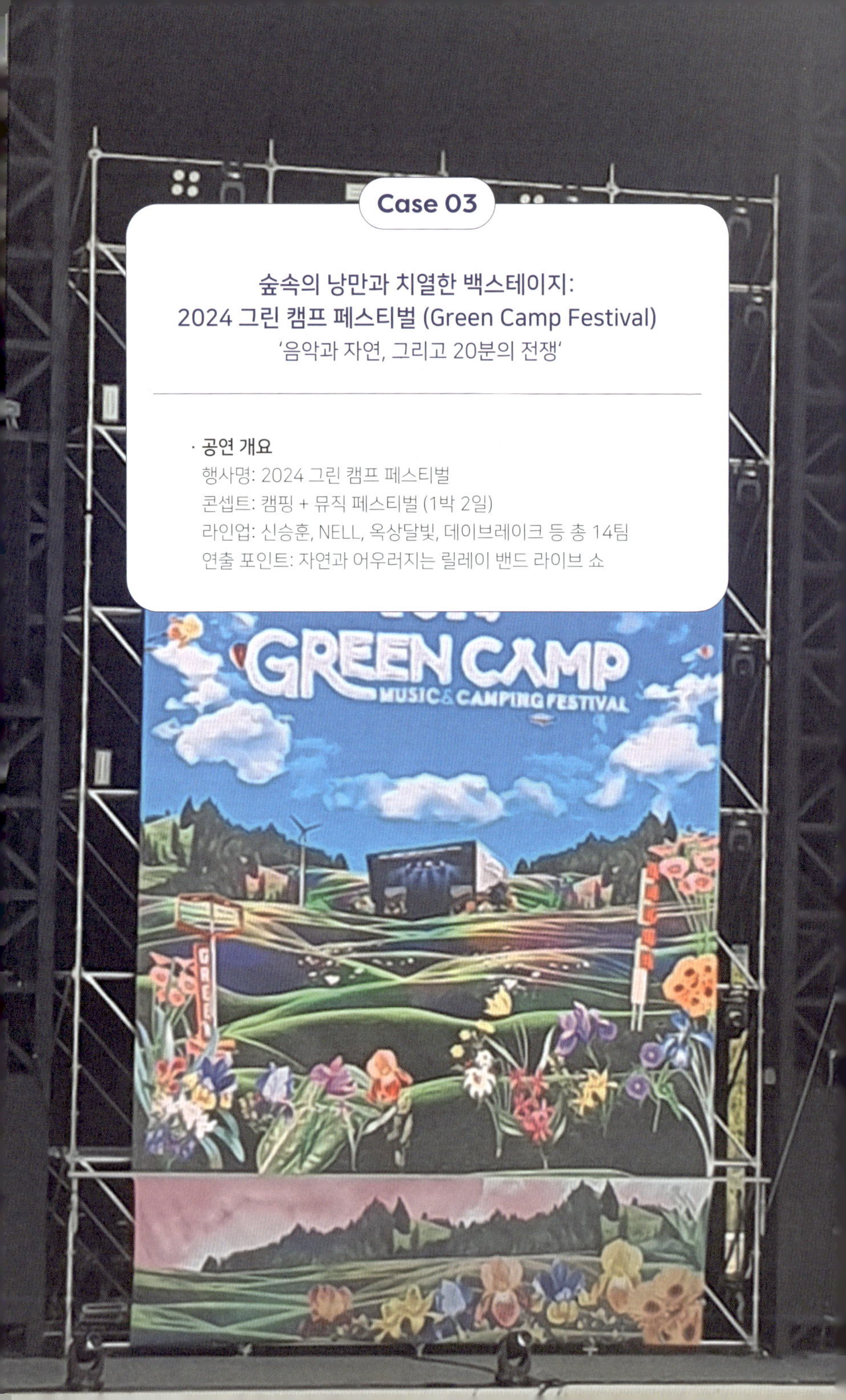

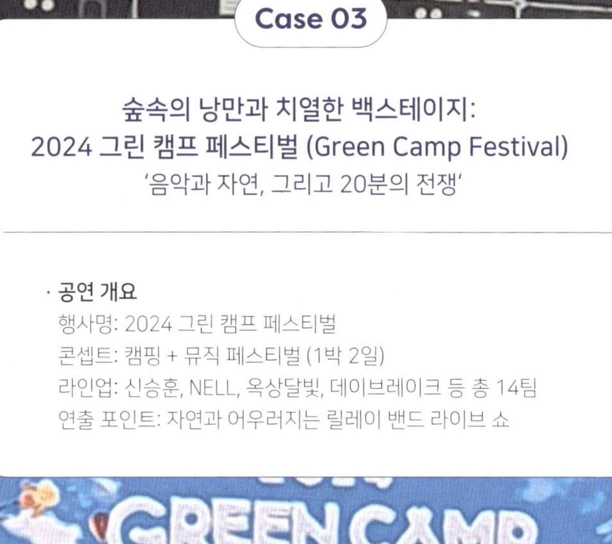

2024년 가을, 저는 캠핑과 음악이 결합된 〈그린 캠프 페스티벌〉의 총연출을 맡아 1박 2일간의 여정을 지휘했습니다. 텐트를 치고 자연을 즐기는 관객들에게 최고의 라이브 음악을 선사하는, 그야말로 '낭만 가득한 축제'였죠. 라인업은 화려했습니다. NELL, 엑스디너리 히어로즈Xdinary Heroes, 데이브레이크, 옥상달빛, 그리고 레전드 신승훈까지 총 14팀의 아티스트가 참여했습니다. 하지만 연출가에게 '낭만'은 무대 위 이야기일 뿐, 백스테이지는 '전쟁터'였습니다. 공연은 낮 1시부터 밤 10시까지 하루 7팀이 이어지는 '릴레이Relay 콘서트' 형식이었습니다. 문제는 모든 팀이 MRInstrumental이 아닌 '라이브 밴드' 세팅이었다는 점입니다. 한 팀이 끝나고 다음 팀이 올라가기까지 주어진 시간은 단 20분. 그 짧은 20분 안에 악기를 교체하고Changeover, 라인을 연결하고, 사운드 체크까지 마쳐야 했습니다. 첫날에는 결국 시간이 조금씩 밀려 순서를 급히 조정하는 돌발 상황도 있었죠. 하지만 이런 예측불허의 변수를 해결해 나가는 것 또한 야외 페스티벌 연출의 묘미입니다. 가장 기억에 남는 건 '관객이라는 이름의 파도'였습니다. 자신이 응원하는 아티스트의 순서가 되면 팬들이 썰물과 밀물처럼 교체되는 '유동적 객석'의 풍경이 펼쳐졌는데요. 그 모습이 마치 가을바람에 일렁이는 파도처럼 아름다웠습니다. 가을밤

의 쌀쌀한 공기, 뜨거운 밴드 사운드, 그리고 행복해하는 캠
퍼들의 표정... 무대와 자연이 하나 되었던 그날의 기억은 제
연출 인생에서 가장 '싱그러운 페이지'로 남아 있습니다.

Director's Gallery

❶ 콘서트 라인업 & 타임테이블: 하루 7팀, 숨 쉴 틈 없이 이어지는 릴레이 콘서트의 설계도.
❷ 낮 공연: 글랜체크(Glenn Check) 무대, 따사로운 가을 햇살 아래서 즐기는 에너지 넘치는 라이브.
❸ 저녁: 신승훈 무대, 어둠이 내린 숲속을 감성으로 물들인 발라드 황제의 시간.
❹ 밴드 악기 셋업: 다음 팀을 위해 무대 위에서 분주하게 움직이는 스태프들의 손길.

인생을 예술로 일상을 콘서트로 만드는
공연연출가

PERFORMANCE
DIRECTOR

공연 연출가
김춘범 스토리

 감독님의 학창 시절은 어땠나요? 왠지 지금처럼 에너지가 넘쳤을 것 같은데요.

 아니요, 오히려 아주 감수성이 풍부하고 조용한 '감성 소년'에 가까웠습니다. 공부보다는 친구들과 어울리는 걸 더 좋아했죠. 신기하게도 제 코가 석 자인데, 주변 친구들이 유독 저를 찾아와 고민을 털어놓곤 했습니다. 저는 그저 가만히 들어줬을 뿐인데 말이죠. 기억에 남는 친구가 있어요. 고등학교 때, 방과 후에 "우리 집에 놀러 갈래?" 하길래 별생각 없이 따라갔는데, 집에 가니 작은 생일상이 차려져 있더군요. 알고 보니 자기 생일인데, 저랑 단둘이 밥을 먹고 싶어서 초대한 거였어요. 그때 느꼈던 따뜻한 마음 덕분인지, 그 친구와는 지금까지도 막역한 사이로 지내고 있습니다.

저에게 '음악'은 유일한 해방구였습니다. 스트레스가 쌓이면 조용히 앉아 좋아하는 노래 세 곡만 연달아 듣곤 했습니다. 그러면 헝클어졌던 마음이 마법처럼 정리가 됐거든요. 때로는 기존 가요에 제가 직접 가사를 한 절 더 붙여서 흥얼거리기도 했고요.

특히 중학교 1학년 때부터 팝송의 매력에 푹 빠져 지냈습니다. 잊을 수 없는 순간이 하나 있습니다. 고등학교 1학년 때였는데, 일요일 늦잠을 자고 일어나 습관처럼 라디오를 켰습니다. 그때 스피커에서 전설적인 록 그룹 스콜피언스^{Scorpions}의 명곡 〈Holiday〉가 흘러나왔어요.

"Let me take you far away…"

그 멜로디를 듣는 순간, 정말 아무 이유도 없이 눈물이 펑펑 쏟아졌습니다. 슬퍼서가 아니라, 음악이 주는 전율이 제 가슴을 관통했던 것 같아요. 지금 생각해 보면 그때 그 눈물이 제가 평생 음악과 무대를 사랑하게 된 '결정적 순간'이 아니었나 싶습니다.

대학 시절, 저는 'DJ 김춘범'이었습니다. 대학에 가서는 좀 더 적극적으로 변했습니다. 축제 기획도 하고 사회^{MC}도 봤죠. 당시는 대학가요제가 전성기였고, 학교 앞마다 '음악다방'이 유행하던 시절이었습니다. 저는 건국대와 세종대 앞 음악실에서 약 3년 동안 음악 DJ로 활동했습니다. LP판을 고르고, 사연을 읽고, 사람들의 분위기를 살피며 음악을 트는 일. 어쩌면 그게 저의 첫 번째 '연출' 수업이었는지도 모르겠습니다.

편 처음부터 연출가가 꿈은 아니셨군요? 진로는 어떻게 결정하게 되셨나요?

김 청소년기의 저는 막연히 '방송인'을 꿈꿨습니다. TV 보는 걸 워낙 좋아해서, 화려한 조명 아래서 쇼를 진행하는 사회자가 되면 어떨지 상상하곤 했죠. 중학교 2학년 때의 기억이 아직도 선명합니다. MBC 라디오 공개방송에 방청객으로 갔었는데, 눈앞에서 펼쳐지는 무대와 방송의 에너지가 제 심장을 마구 뛰게 만들더군요. 그때부터 무대라는 세상에 강하게 끌렸던 것 같습니다. 진짜 제 인생의 막이 오른 건 군 제대 후였습니다. 운명처럼 워커힐 호텔의 '워커힐 씨어터'에 입사하게 되었죠. 하지만 처음부터 연출을 한 건 아닙니다. 저는 무대 가장 깊은 곳, '기술 스태프'로 시작했습니다.

조명, 음향, 무대 기계 장치…. 그렇게 무려 7년을 무대 뒤에서 보냈습니다. 조명기를 닦고, 스피커 라인을 깔고, 무대 세트를 옮기며 현장의 기본기를 온몸으로 익혔습니다. 그리고 입사 8년 차가 되어서야 비로소 '무대감독'이라는 타이틀을 달 수 있었죠.

그 시절 워커힐은 그야말로 '전쟁터'이자 최고의 '사관학교'였습니다. 1년 365일, 단 하루도 쉬지 않고 매일 2회씩 공연이 올라갔습니다. 한국 전통 공연 40분에 외국 쇼 60분을 더해 100분을 꽉 채우는 강행군이었죠. 지금 같은 주 5일제나 휴가는 꿈도 못 꾸던 시절이었지만, 이상하게도 저는 그게 힘들지 않았습니다. 몸은 고단해도 매일 새로운 관객을 만나는 게 즐거웠거든요.

외국 프로덕션의 화려한 쇼부터 한국의 전통 춤, 각종 기업 행사까지… 수천 번의 무대를 만들며 쌓은 그 시간들이 저를 '기술을 아는 연출가'로 만들어주었습니다. 그때 흘린 땀방울이 없었다면, 지금의 김춘범도 없었을 거라고 확신합니다.

편 감독님의 인생을 바꾼, 가장 결정적인 '터닝 포인트Turning Point' 작품은 무엇인가요?

김 2010년에 선보인 한국 전통 공연 〈꽃의 전설Legend of the Flower〉을 꼽겠습니다. 이 작품은 제가 무대를 관리하는 '무대총감독'에서, 무대를 창조하는 '본격적인 연출가'로 다시 태어나게 해준 기념비적인 작품입니다. 이 공연은 '파격' 그 자체였습니다. 2009년 8월부터 약 8개월간 준비했는데, 기존의 점잖은 전통 공연 틀을 완전히 깨부수기로 했죠. 예술단 인원을 45명에서 75명으로 대폭 늘리고, 우아한 한국무용 옆에 역동적인 마셜아츠Martial Arts, 비보잉B-boying, 마임Mime을 붙였습니다. 전통과 현대가 충돌하며 만들어내는 에너지는 실로 엄청났습니다.

하지만 만드는 과정은 '가시밭길'이었습니다. 당시 워커힐 씨어터는 365일 쉬지 않고 매일 2회씩 상설 공연(〈동방의 빛〉, 〈Todes〉)이 있었거든요. 낮에는 기존 공연을 올리고, 밤에는 새 공연을 연습해야 하는 살인적인 스케줄이었습니다. 내부 단원과 외부 객원 전문가들이 뒤섞여 합을 맞추는 과정에서 갈등도 많았고, 체력적인 한계에도 부딪혔죠.

하지만 그 모든 난관을 뚫고 2010년 4월, 마침내 막을 올렸습니다. 결과는 어땠냐고요? 2년간의 오픈런Open Run, 누적 관람객 30만 명. 이 숫자가 증명하듯 공연은 대성공이었습니다. 하지만 저에게 진짜 성공은 숫자가 아니었습니다. '아, 서로 다른 장르가 섞이면(융합) 폭발적인 시너지가 나는구나!',

〈꽃의 전설〉 피날레 장면

'전문가들이 모여 머리를 맞대면(집단지성) 불가능은 없구나!'
이 깨달음을 얻은 순간, 저는 비로소 '연출가'로서의 확고한
정체성을 갖게 되었습니다. 〈꽃의 전설〉은 제 연출 인생의 방
향을 결정지은 진정한 나침반이었습니다.

 감독님에게도 길을 잃었을 때 방향을 잡아준 인생의 멘
토가 있나요?

 제 마음속에는 언제나 큰 스승님이 한 분 계십니다. 30
년 전, 그 치열했던 워커힐 씨어터 시절 저의 사수이자 길잡
이가 되어주셨던 박영우 무대감독님입니다. 지금은 은퇴하셨
지만, 제 연출 인생의 8할은 그분께 배웠다고 해도 과언이 아
닙니다.

당시 워커힐은 매일이 '전쟁터'였습니다. 기술 스태프 40명,
내국인 아티스트 50명, 외국인 아티스트 40명.... 무려 130명
이 뒤엉켜 매일 2회씩 공연을 올리고, 틈틈이 호텔 이벤트까
지 치러야 했으니까요. 자칫하면 사고가 나거나 감정싸움이
벌어지기 딱 좋은 환경이었죠. 하지만 박 감독님은 그 혼란
속에서도 언제나 '태산'처럼 흔들림이 없으셨습니다. 그 비결
은 바로 '집요한 준비'였습니다.

"김 감독, 현장은 생물이야. 모든 변수를 예측하고 적어놔

야 해.”

감독님은 말보다 행동으로 보여주시는 분이었습니다. 발생할 수 있는 모든 돌발 상황을 예측해 문서로 만들고, 이를 스태프와 출연자들에게 공유하셨죠. 제가 지금도 가지고 있는 '꼼꼼한 메모 습관'은 그때 감독님 어깨너머로 배운 생존 기술이었습니다.

무엇보다 저의 가슴에 평생 박혀있는 두 가지 가르침이 있습니다.

첫째, '무대의 주인은 따로 있다. 관객이 보는 것은 결국 출연자의 예술 행위다. 하지만 그 예술을 더욱 빛나게 만드는 것은 우리 스태프들의 전문성이다. 아티스트와 스태프가 서로 존중할 때 비로소 최고의 공연이 완성된다.'

둘째, '연출가는 '조율자'다, 연출 감독은 단순히 지시하는 사람이 아니다. 아티스트(감성)와 스태프(기술)라는 두 개의 거대한 축을 조화롭게 이끌어 가는 사람이다.'

이 가르침은 30년이 지난 지금도 제가 현장에서 흔들릴 때마다 꺼내 보는 '연출의 헌법'과도 같습니다. 스승님께 배운 이 철학을, 이제는 제가 후배들에게 전해주고 싶습니다.

편 감독님도 혹시 실패했던 경험이 있나요?

김 물론이죠. 약 20년 전의 일인데, 아직도 생각하면 등에서 식은땀이 흐릅니다. 당시 워커힐 씨어터에서 영국의 한 프로덕션과 함께 야심 차게 준비했던 창작 커머셜 쇼가 있었습니다. 제목은 비밀로 할게요. (웃음) 아크로바틱 서커스와 무용을 결합한 대형 프로젝트였고, 출연진만 35명에 달했습니다. 문제는 '설익은 밥'이었다는 점입니다. 검증된 공연을 수입한 게 아니라, 기획안만 보고 새롭게 만드는 쇼였거든요. 막상 외국 단원들이 입국했는데, 뚜껑을 열어보니 기량도 부족하고 준비도 너무 덜 되어 있는 겁니다. '이 상태로는 안 되는데...' 불안감이 엄습했지만, 이미 오픈 날짜는 정해져 있었습니다. 밤을 새워가며 억지로 무대를 만들었죠.

그리고 대망의 첫 공연 날. 저는 관객석 한가운데 앉아 인터컴(무전기)으로 큐 사인을 보내고 있었습니다. 공연이 끝나고 불이 켜졌는데, 관객들의 반응이 싸늘했습니다. 퇴장하는 관객들의 실망 섞인 표정을 정면으로 마주하는데.... 정말이지 쥐구멍이라도 있으면 숨고 싶을 만큼, 괴롭고 창피했습니다. 하지만 도망칠 수 없었습니다. 이미 막은 올랐으니까요. 결국 프로듀서와 안무가를 붙잡고 2주 동안 '지옥의 합숙'을 했습니다. 낮에는 공연하고, 밤에는 밤새 뜯어고치는 강행군이었죠. 공연계에는 아주 유명한 명언이 있습니다. "The Show

Must Go On (쇼는 계속되어야 한다)."

예전에는 그저 멋있는 말인 줄만 알았습니다. 하지만 그 실패를 겪고 나니 알겠더군요. 이것은 단순히 공연을 멈추지 말라는 뜻이 아닙니다. '어떤 실패 속에서도, 관객과의 약속을 지키기 위해 끝까지 책임을 다하라.'라는 무거운 명령이라는 것을요. 그 쓰라린 실패는 제 연출 인생에서 가장 비싼 수업료를 내고 배운 교훈으로 남아있습니다.

 수많은 무대를 만드셨는데, 가장 예상치 못했던 특별한 경험은 무엇인가요?

 지금 생각해도 아찔한, 그야말로 '생존기'에 가까운 기억이 하나 있습니다. 전 세계가 공포에 떨었던 2020년 3월, 다들 기억하시죠? 코로나19 팬데믹으로 하늘길이 막히고 모두가 귀국을 서두르던 그때, 저는 정반대로 짐을 싸서 중국 길림성으로 향했습니다. 테마파크와 상설공연장을 오픈하는 거대 프로젝트의 총책임자를 맡았거든요. 현장은 그야말로 '사면초가(四面楚歌)'였습니다. 2주간의 격리를 마치고 현장에 도착했지만, 상황은 최악이었습니다. 물류가 막혀 조명과 음향 장비는 오지 않고, 강력한 이동 제한 때문에 현지 스태프를 구하는 것조차 불가능했죠. 엎친 데 덮친 격으로 국제 정세마저 요동쳤습니다. 독일 프로덕션 팀의 입국이 무산되었고, 설상가상으로 러시아-우크라이나 전쟁까지 터지면서 어렵게 선발한 무용수와 배우들의 발이 묶여버렸습니다. 남미에서 날아오던 아크로바틱 배우들은 경유지에서 코로나 양성 판정을 받아 눈물을 머금고 되돌아가야 했죠. 저 또한 바이러스의 감옥에 갇혀야 했습니다. 강력한 방역 정책 탓에 간접 접촉자로 분류되어, 좁은 방에 갇혀 두 번이나 강제 격리를 당했습니다. 밖에서는 공사가 멈춰 서 있는데, 나갈 수 없는 그 답답함과 공포... 정말 매일이 피를 말리는 긴장의 연속이었습니다. 하지만, 쇼는 멈추지 않았습니다. 우리는 그 아비규환 속에서도 방법을 찾았습니다. 화상 회의로 오디션을 보고, 현지 인력을 훈련시키며 하나하나 문제를 해결해 나갔죠. 그리고 기적처럼 공연장 문을 열고 오픈식을 치러냈습니다. 2022년 7월, 임무를 완수하고 귀국하던 비행기 안에서 저는 다짐했습니다. '저 지옥 같은 상황도 버텨냈는데, 이제 세상에 무서울 게 무엇이랴.'

귀국 후 저는 'TK프로덕션'을 설립했습니다. 그때의 그 치열했던 경험을 밑거름 삼아, 지금은 국내 콘서트와 페스티벌 현장에서 제2의 연출 인생을 신나게 펼쳐가고 있습니다.

[편] 감독님의 시선은 이제 어디를 향하고 있나요? 앞으로의 계획이 궁금합니다.

[김] 연출가는 숙명적으로 '다음'을 꿈꾸는 사람입니다. 하나의 막이 내리면, 곧바로 '다음에는 어떤 무대가 나를 기다리고 있을까?' 하는 설렘으로 가슴이 뛰거든요. 지금 제 가슴속에는 두 가지의 큰 꿈이 자라고 있습니다.

첫 번째 꿈은 현재진행형인 '아름다운 동행'입니다. 저는 현재 시각장애인 전문예술단체인 '한빛예술단'의 예술감독으로 3년째 함께하고 있습니다. 올해로 창단 22년을 맞은 이곳에는 40여 명의 단원들이 있는데, 이들은 악보를 볼 수 없지만 마음으로 연주하며 프로 오케스트라 못지않은 기적의 하모니를 만들어냅니다.

특히 올해는 창작 아동 음악극 〈조금은 특별한 피노키오〉를 제작해 무대에 올리고 있습니다. 이 작품을 통해 장애와 비장애의 벽을 허물고, 우리 사회가 더불어 살아가는 세상이 되기를 꿈꿉니다. 예술이 세상을 얼마나 따뜻하게 바꿀 수 있는지, 저는 매일 그 기적을 목격하고 있습니다.

두 번째 꿈은 미래형인 '한국 대표 상설공연'을 만드는 것입니다. 워커힐에서 30년을 보낸 상업 공연 전문가로서 늘 마음에 빚처럼 남은 아쉬움이 있습니다. 바로 '한국에는 외국인

관광객이 볼 만한 대표 공연이 없다'라는 것입니다.

서울시는 글로벌 관광 도시로 도약하고 있지만, 정작 외국인들이 언제든 찾아가 한국의 정수를 느낄 수 있는 '랜드마크Landmark 공연'은 턱없이 부족합니다. 브로드웨이의 뮤지컬이나 라스베이거스의 쇼처럼 말이죠.

저의 마지막 목표는 이 빈자리를 채우는 것입니다. 뜻이 맞는 파트너들을 만나, 한국을 찾는 전 세계인 누구에게나 "이 공연은 꼭 봐야 해Must-see!"라고 추천할 수 있는 대한민국 대표 상설공연을 만드는 것. 그것이 제 연출 인생의 마지막 퍼즐입니다.

인생을 예술로 일상을 콘서트로 만드는
공연연출가

PERFORMANCE
DIRECTOR

이 책을
마치며

편 오랫동안 묵묵히 이 길을 걸어온 자기 자신에게, 지금 건
네고 싶은 말이 있다면요?

김 문득 38년 전, 공연장에 첫 출근을 했던 날이 떠오릅니
다. 무대 옆 커튼 사이로 화려한 세상을 훔쳐보며 가슴 뛰던
그 어린 청년의 모습이 아직도 눈에 선합니다. 불과 며칠 전
일 같은데, 어느새 강산이 네 번이나 변할 만큼의 세월이 흘
러버렸습니다.

이 책을 쓰며 곰곰이 세어보았습니다. '과연 나는 지금까
지 몇 번의 무대를 만들었을까?' 100분 이상의 라이브 공연
만 따져보니 한국 전통 공연, 해외 투어, 디너쇼, 콘서트, 각
종 이벤트를 합쳐 대략 1만 4,500회쯤 되더군요. 저조차도 놀
랐습니다. 제 인생의 거의 모든 시간은 무대 위, 혹은 무대 뒤
에 있었던 셈입니다.

그 긴 시간 동안 포기하지 않고 한길을 달려온 저 자신에
게, 오늘만큼은 빈 객석에 앉아 조용히 말을 건네고 싶습니
다.

"춘범아, 참 열심히 살았다. 정말 고생 많았다."

그리고 저의 부족함을 열정으로 채워주었던 수많은 스태
프와 아티스트 동료들에게 깊은 감사를 전합니다. 그들의 헌
신이 없었다면, 오늘의 저는 결코 이 자리에 없었을 것입니

다. 공연 연출은 저에게 직업이자, 세상에서 가장 사랑하는 취미입니다. 저는 오늘도 설레는 마음으로 무대 도면을 펼치고 세트리스트Setlist, 노래목록를 고민하며 하루를 시작합니다. 이제 저의 남은 꿈은 하나입니다. 그동안 치열하게 쌓아온 저의 경험과 노하우를 사랑하는 후배들에게 아낌없이 나눠주는 것. 그래서 여러분과 함께 더 따뜻한 영향력을 전하는 무대를 계속해서 만들어가는 것입니다.

 긴 시간 인터뷰에 응해 주셔서 감사합니다. 자신의 삶을 되돌아보신 소감이 어떠신가요?

 저 역시 제가 걸어온 길을 차분히 정리해 볼 수 있는 소중한 시간이었습니다. 늘 '공연 연출은 내 천직이다'라고 생각하며 살았는데, 오늘 이야기를 나누다 보니 한 가지 깨달음을 얻었습니다. '아, 나는 청소년 시절부터 이미 연출가가 될 준비를 하고 있었구나' 하고요.

학창 시절, 공부는 안 하고 음악 듣고 영화 본다고 부모님께 참 많이 혼났습니다. (웃음) 그런데 돌이켜보니 그 '딴짓'들이 낭비가 아니었습니다. 친구들과 예술을 논하고 감성을 키웠던 그 모든 순간이, 지금의 저를 만든 가장 훌륭한 자양분이 되었으니까요.

여러분, 공연예술은 멀리 있는 게 아닙니다. 우리의 평범한 하루에도 '이야기'가 있죠? 거기에 음을 얹으면 노래가 되고, 몸짓을 더하면 무용이 되며, 이 둘을 합치면 뮤지컬이 됩니다. 결국 우리의 삶 자체가 이미 하나의 훌륭한 공연입니다.

저의 투박한 이야기가 이 책을 읽는 누군가의 가슴에 작은 불씨가 되었기를 바랍니다. 언젠가 무대 뒤에서, 혹은 객석에서 여러분을 후배로, 동료로 만날 날을 꿈꾸겠습니다. 제 이야기를 들어주셔서 감사합니다.

편 오늘 인터뷰는 마치 뜨거운 콘서트장 한가운데 서 있는 듯한 전율이 느껴지는 시간이었습니다. 감독님의 말씀을 통해 연출가란 화려한 무대 전체를 지휘하는 '마에스트로'이면서, 동시에 보이지 않는 디테일 하나까지 책임지는 '장인'이라는 사실을 깊이 깨달았습니다. 안무가의 땀방울, 가수의 숨소리, 그리고 객석의 열기까지 고스란히 느낄 수 있었는데요. 결국 공연 연출가는 예술을 무대 위에 펼쳐 보이며 관객과 시대를 잇는 다리가 아닐까 하는 생각이 듭니다.

김 부디 이 책이 공연예술을 꿈꾸는 청소년들에게 친절한 이정표가 되었기를 바랍니다.

우리가 사는 세상은 나 혼자가 아니라 가족, 이웃, 국가, 나아가 세계가 하나로 연결된 거대한 공동체입니다. 그 안에서 문화와 예술은 사람들의 마음을 움직이고, 세상을 더 나은 방향으로 이끄는 '가장 부드럽지만 강력한 힘'입니다.

저는 이 책을 읽은 여러분 중에서, 예술의 가치를 이해하고 세상에 '선한 영향력'을 전하는 창의적인 인재들이 많이 나오기를 진심으로 소망합니다. 여러분이 만드는 다음 무대가 우리 사회를 조금 더 따뜻하고 아름답게 만들어줄 것이라 믿어 의심치 않습니다.

미래의 무대에서 만납시다. 감사합니다.

편 마지막으로 이 책을 읽고 있을 청소년과 진로를 고민하는 모든 분께 전하고 싶은 메시지가 있다면요?

김 제가 생각하는 가장 행복하고 이상적인 직업인은 딱 한 문장으로 정의됩니다. '가장 잘하고, 가장 좋아하고, 가장 원하는 일을 업(業)으로 삼은 사람'

아직 확신이 없는 분들이라면, 잠시 멈춰 서서 '나를 공부하는 시간'을 가져보시길 권합니다. 친구들과 재미로 하는 MBTI 테스트도 좋지만, 그것보다 더 중요한 건 스스로에게 '세 가지 질문'을 던지고 치열하게 답을 찾아보는 것입니다.

첫째, 나는 무엇을 잘하는가? (재능) 둘째, 나는 무엇을 할

때 시간 가는 줄 모르는가? (열정) 셋째, 내 가슴이 진심으로 원하는 일은 무엇인가? (소명)

거창할 필요 없습니다. 아주 작고 쉬운 경험부터 하나씩 시도하며 답을 찾아가세요. 그러다 보면 희미했던 안개가 걷히고 언젠가 '나만의 길'이 선명하게 보일 것입니다.

그 확신의 순간이 오면, 주저하지 말고 과감하게 몸을 던지세요. 이 책을 읽은 여러분 모두가 남들의 시선이 아닌, 내 심장이 뛰는 일을 선택해 '행복한 직업인'으로 성장하기를 진심으로 바랍니다. 여러분의 찬란한 앞날을 마음 깊이 응원하겠습니다.

편 감독님께서는 공연 연출가로 살아온 지난 시간이 행복하셨나요?

김 정말 행복했고, 앞으로도 확신컨대 행복할 것입니다. 이유는 아주 단순합니다. 저는 세상에서 제가 가장 좋아하는 일을 하며 살아가고 있기 때문입니다. 물론 남들이 부러워할 만한 엄청난 부와 사회적 명예를 거머쥔 것은 아닙니다. 하지만 저는 제가 가진 작은 재능이 필요한 곳에 쓰이고, 그것이 세상에 '선한 영향력'으로 번져나가는 것에서 충분한 만족과 보람을 느낍니다. 무엇보다 저를 행복하게 만드는 건 '관객의 표정'입니다. 제가 만든 무대를 보고 즐거움과 감동, 환희를 느끼며 집으로 돌아가는 관객들의 뒷모습을 볼 때, 그 순간만큼은 세상 어떤 보석보다 값지게 느껴지거든요. 감동을 나누는 공연은 저 혼자만의 기쁨이 아닙니다. 그 무대를 함께 만든 스태프, 열정을 쏟은 아티스트, 그리고 그 자리를 채운 관객들 모두가 함께 행복해지는 마법 같은 순간이죠.

'함께 행복해지는 것.' 그것이 바로 제가 지난 38년간 공연 연출가로 살아온 이유이자, 앞으로도 이 길을 묵묵히 걸어가고 싶은 유일한 이유입니다.

편 청소년 여러분, 어떠셨나요? 이제 콘서트는 단순히 가수가 노래만 부르는 자리가 아니라, 수많은 스태프가 보이지 않는 곳에서 치열하게 땀 흘리며 만들어낸 '종합 예술의 결정체'라는 사실을 알게 되셨을 겁니다.

저 역시 그동안은 화려한 무대만 즐겼지만, 오늘 인터뷰를 계기로 앞으로는 무대 뒤에 숨겨진 장치와 연출가의 세심한 기획 의도까지 찾아보는 새로운 눈을 갖게 될 것 같습니다. 청소년들을 위해 귀한 경험과 지혜를 아낌없이 나눠 주신 김춘범 감독님께 다시 한번 깊은 감사의 말씀을 드립니다.

세상의 모든 직업이 편견 없이 여러분 앞에 활짝 문을 여는 그날까지. 〈잡프러포즈 시리즈〉는 멈추지 않고 여러분의 꿈을 찾아 부지런히 달려가겠습니다.

다음 편에서 더 멋진 직업 이야기로 다시 찾아뵙겠습니다. 감사합니다!

PERFORMANCE
DIRECTOR

나도
공연 연출가

대본 속 숨은 그림 찾기: 장면 분석 및 연출 의도 세우기

·실습 목적 (Why?)
죽어 있는 글자(텍스트)를 살아 있는 무대 언어로 바꾸는 연출가의 기초 체력을 기릅니다. 인물의 복잡한 심리와 극적인 사건 구조를 꿰뚫어 보는 '분석의 눈'을 키우는 것이 목표입니다.

·작업 절차 (How to?)
1. 대본 선정: 평소 좋아하던 희곡이나 뮤지컬 대본 중 가장 흥미로운 장면을 2~3페이지만 골라 보세요.
2. 관계 분석: 등장인물들은 서로 어떤 사이이고, 지금 무엇 때문에 다투거나(갈등) 고민하고 있는지 분석해 봅니다.
3. 감정 그래프: 대사 속에서 인물의 감정이 폭발하는 순간과 분위기가 확 바뀌는 '전환점'을 찾아 밑줄을 긋거나 그래프를 그려보세요.
4. 연출 의도: '나는 이 장면을 통해 관객에게 OOO를 보여주고 싶다'는 나의 생각을 한 문장으로 정리합니다.

·기대 효과 (Level Up!)
- 대본을 수박 겉핥기가 아니라 깊이 있게 파고드는 '분석력'이 생깁니다.
- 장면의 핵심 메시지를 정확히 포착하는 감각이 길러집니다.
- 머릿속의 추상적인 생각을 글로 구체화하는 '연출 노트' 작성 습관을 가질 수 있습니다.

Mission 2

상상을 현실로: 무대 공간 디자인 & 모형 만들기

·실습 목적 (Why?)

대본 속의 텍스트를 입체적인 '공간'으로 시각화하는 훈련입니다. 배우들이 움직일 길(동선)을 만들고, 무대를 기능적이고 아름답게 꾸미는 '공간 연출 감각'을 키웁니다.

·작업 절차 (How to?)

1. 배경 설정: 앞서 Mission 1에서 분석한 장면을 무대 위에 올린다고 상상해 보세요.
2. 도구 선택: 스케치북에 무대 평면도(위에서 본 그림)를 그리거나, 우드락과 종이를 이용해 1:50 비율의 미니 모형을 직접 만들어 보세요.
3. 디테일 채우기: 배우가 드나들 문(등·퇴장로), 의자나 테이블(소도구), 벽이나 계단(무대 구조물)을 어디에 배치할지 정합니다.
4. 동선 표시: 배우가 어디서 걸어 나와 어디로 이동할지, 그 흐름을 화살표나 선으로 표시해 보세요.

·기대 효과 (Level Up!)

- '연출은 결국 공간을 다루는 예술이다'라는 사실을 몸소 체험하며, 무대 디자인과 연출의 긴밀한 관계를 이해하게 됩니다.
- 훗날 스태프들에게 내 머릿속 생각을 정확히 전달할 수 있는 '소통용 도면(설계도)' 제작 능력이 생깁니다.

나만의 콘서트:
완벽한 세트리스트Setlist(노래 목록) 완성하기

·실습 목적 (Why?)

콘서트는 단순히 노래를 나열하는 게 아닙니다. 기승전결이 있는 이야기로 만들어야 하죠. 아티스트의 매력을 극대화하고, 관객의 감정을 들었다 놨다 하는 '프로그램 구성 능력'을 키웁니다.

·작업 절차 (How to?)

1. 주인공 섭외: 내가 가장 좋아하는 가수 한 명을 선정합니다. (상상 캐스팅)
2. 재료 준비: 그 가수의 대표곡과 내가 들려주고 싶은 숨은 명곡을 리스트업(List-up) 하세요.
3. 팀 구성: 이 공연을 위해 필요한 악기 구성(드럼, 기타, 건반 등), 댄서와 코러스는 몇 명이 필요할지 적어 보세요.
4. 시간 설계 (★중요): 총 90분의 러닝타임을 맞추세요.
   - 노래: 70분 (약 15~18곡)
   - 멘트: 20분 (인사, 곡 소개, 토크)
5. 큐시트 작성: 오프닝은 신나게 갈지 감성적으로 갈지, 멘트는 어디서 끊을지, 댄스팀은 몇 번째 곡에 투입할지 순서를 정교하게 배치해 봅니다.

·기대 효과 (Level Up!)

- 관객이 지루할 틈 없게 만드는 '공연의 흐름(Flow)'을 이해하게 됩니다.
- 실제 공연 현장에서 쓰이는 가장 기초적인 문서인 '큐시트' 작성법을 미리 경험할 수 있습니다.

Mission 4

공연의 컨트롤 타워:
큐시트(Cue-Sheet) & 리허설 스케줄 짜기

·실습 목적 (Why?)

공연은 수십 명의 스태프가 약속된 시간에 정확히 움직여야 하는 '정교한 시계'와 같습니다. 기술 팀(조명, 음향, 영상 등)에게 정확한 신호(Cue)를 주고, 아티스트와의 리허설 시간을 효율적으로 관리하는 '현장 운영 능력'을 마스터합니다.

·작업 절차 (How to?)

1. 큐시트(Cue-Sheet) 디테일 채우기: Mission 3에서 만든 순서표 옆에 세부 약속을 적어 넣습니다.
   - 기술 큐(Tech Cue): 조명(암전, 화려하게, 핀 조명), 음향(MR 재생, 마이크 ON/OFF), 영상(가사 자막, 배경 영상) 등 각 팀이 해야 할 일을 적습니다.
   - 아티스트 액션: 가수가 무대 왼쪽(상수)에서 나올지, 오른쪽(하수)으로 퇴장할지 동선을 정하고, 멘트를 하는 정확한 타이밍을 기입합니다.
2. 타임테이블(Time Table) 작성하기: 공연 당일, 아침부터 공연 시작 전까지의 스케줄을 분 단위로 짜 봅니다.
   - 테크 리허설: 가수 없이 스태프끼리 조명과 음향을 맞춰보는 시간.
   - 아티스트 리허설: 가수가 도착해서 마이크 테스트와 동선을 맞춰 보는 시간.
   - 최종 리허설: 실제 공연처럼 끊지 않고 처음부터 끝까지 진행하는 시간.

·기대 효과 (Level Up!)

- 1분 1초를 다루는 '시간 관리 능력'과 수많은 스태프와 소통하는 '커뮤니케이션 스킬'이 장착됩니다.
- 현장에서 가장 바쁘게 뛰어다니는 '공연 조연출(AD)'의 핵심 업무가 무엇인지 완벽하게 파악할 수 있습니다.

청소년들의 진로와 직업 탐색을 위한
잡프러포즈 시리즈 88

인생을 예술로 일상을 콘서트로 만드는

공연 연출가

2026년 03월 16일 초판 1쇄

지은이 | 김춘범
펴낸이 | 김민영
펴낸곳 | 토크쇼

편집인 | 김수진
표지디자인 | 이든디자인
본문디자인 | 문지현
홍보 | 이예지

출판등록 | 2016년 7월 21일 제 2023-000173호
주소 | 서울시 마포구 월드컵북로98, 2층 202호
전화 | 070-4200-0327
팩스 | 070-7966-9327
전자우편 | myys327@gmail.com
ISBN | 979-11-94260-76-9(43190)
정가 | 15,000원